Tecnologias
que educam
Ensinar e aprender com as tecnologias de informação e comunicação

Fábio Câmara Araújo de Carvalho
Gregorio Bittar Ivanoff

Tecnologias
que educam

Ensinar e aprender com as tecnologias de informação e comunicação

© 2010 by Fábio Câmara Araújo de Carvalho e Gregorio Bittar Ivanoff
Todos os direitos reservados. Nenhuma parte desta publicação poderá ser reproduzida ou
transmitida de qualquer modo ou por qualquer outro meio, eletrônico ou mecânico, incluindo
fotocópia, gravação ou qualquer outro tipo de sistema de armazenamento e transmissão de
informação, sem prévia autorização, por escrito, da Pearson Education do Brasil.

Diretor editorial: Roger Trimer
Gerente editorial: Sabrina Cairo
Supervisor de produção editorial: Marcelo Françozo
Editora: Thelma Babaoka
Preparação: Heidi Strecker
Revisão: Carmen Teresa Simões da Costa
Capa: Alexandre Mieda
Projeto gráfico e editoração eletrônica: Figurativa Editorial MM Ltda.

Dados Internacionais de Catalogação na Publicação (CIP)
(Câmara Brasileira do Livro, SP, Brasil)

Carvalho, Fábio Câmara Araújo de

Tecnologias que educam : ensinar e aprender com tecnologias da
informação e comunicação / Fábio Câmara Araújo de Carvalho, Gregorio
Bittar Ivanoff. — São Paulo : Pearson Prentice Hall, 2010.

Bibliografia.
ISBN 978-85-7605-367-5

1. Educação - Finalidades e objetivos 2. Inovações educacionais 3.
Inovações tecnológicas 4. Internet (Rede de computadores) 5. Tecnologia da
informação e da comunicação 6. Tecnologia educacional I. Ivanoff, Gregorio
Bittar. II. Título.

09-07725   CDD-371.33

Índice para catálogo sistemático:
1. Educação e tecnologias da informação e comunicação   371.33

Direitos exclusivos cedidos à
Pearson Education do Brasil Ltda.,
uma empresa do grupo Pearson Education
Av. Francisco Matarazzo, 1400,
7º andar, Edifício Milano
CEP 05033-070 - São Paulo - SP - Brasil
Fone: 19 3743-2155
pearsonuniversidades@pearson.com

Distribuição
Grupo A Educação
www.grupoa.com.br
Fone: 0800 703 3444

FSC
www.fsc.org
MISTO
Papel produzido
a partir de
fontes responsáveis
FSC® C057341

Dedicatória

Dedicamos este livro a todos que escolhem e adotam um ponto de vista, aceitando que o outro é livre para aderir à maneira de ver que preferir.

Sumário

Prefácio XI

Agradecimentos XIII

Apresentação XV

Parte 1
Práticas de ensinar e aprender nas organizações 1

Capítulo 1
As novas práticas de navegação 3

Navegando com tecnologias de informação e comunicação (TICs) 3

Utilizando um navegador 4

Navegando pelas práticas essenciais 5

Navegando por práticas mais complexas 8

Capítulo 2
A mudança organizacional e o agir de professores e alunos 13

O conhecimento de um grupo de amigos 13

Competências para a mudança organizacional 14

Mediadores de conflitos e ativistas do conhecimento 16

Inspirando a criação de novos conhecimentos 18

Capítulo 3
Navegando por programas educacionais, sistemas e organizações 21

Criando uma rota de navegação 21

Projetando programas educacionais 21

Usando o navegador para definição da rota 22

VIII Tecnologias que educam

Organizando as práticas..24

Organização em programas e práticas...27

Práticas: circunstâncias, estratégias, processos e recursos 28

Parte 2
Práticas de ensinar e aprender: casos e experimentos 29

Capítulo 4
Utilização de bases de dados e informações... 31

Bases de e-mails..32

Bases de busca na Internet..32

Na prática: Realizando boas buscas e encontrando bons resultados   32

Bases de busca em seu computador..36

Bases de imagens e mapas 36

Na prática: Passeando pela história na época da Corte portuguesa no Brasil   36

Na prática: Explorando a geografia utilizando o Google Earth e o Google Maps   37

Bases de vídeos 40

Na prática: Ensinando e aprendendo sobre alimentação saudável por meio de vídeos   40

Na prática: Ensinando e aprendendo história por meio de vídeos   42

Na prática: Ensinando e aprendendo a respeito de temas emergentes por meio de vídeos   43

Recursos para armazenagem de arquivos na Internet...45

Dicionários e tradutores virtuais...45

Na prática: Traduzindo textos utilizando recursos da Internet   46

Na prática: Entendendo palavras em inglês que não possuem tradução direta   49

Bibliotecas virtuais 52

Na prática: Navegando pelo portal Domínio Público   53

Na prática: Trabalhos relacionados ao ensinar e aprender no SciELO   54

Na prática: Pesquisa sobre DST e AIDS na Biblioteca Virtual em Saúde (BVS)   55

Na prática: Livros e partes de livros digitais   55

Considerações finais...57

Capítulo 5
Comunicação e interação 59

Evolução e conjunto de ferramentas de colaboração na Internet 60

Correio eletrônico (e-mails) 60

Na prática: Compartilhamento de agendas 61

Mensagens instantâneas 64

Na prática: Comunicação e interação com mensagens eletrônicas 65

Chats 67

Na prática: Bate-papo para ensinar e aprender 68

Na prática: Ensinar e aprender outros idiomas por meio do mIRC 69

Grupos e comunidades virtuais 70

Na prática: Ensinar e aprender em grupos virtuais 71

Fóruns de discussão 73

Na prática: Ensinar e aprender gestão do conhecimento por meio de fóruns virtuais 74

Na prática: Ensinar e aprender questões de informática por meio de fóruns virtuais 75

Reuniões e videoconferências 77

Na prática: Ensinar e aprender por meio de videoconferência 77

Redes de relacionamento 78

Na prática: Ensinar e aprender em redes de relacionamento 81

Blogs 85

Na prática: Ensinar e aprender por meio de blogs 85

TV pela Internet 89

Na prática: Ensinar e aprender por meio de TV na Internet 89

Considerações finais 91

Capítulo 6
Construção de conteúdo 93

Criação de documentos eletrônicos 94

Na prática: Desenvolvimento de texto por meio do Google Docs 94

Na prática: Construção de conteúdo por meio de uma organização virtual e um Twiki 97

Planilhas eletrônicas 100

Na prática: Desenvolvimento de planilha por meio do Google Docs 100

Apresentações e slides 104

Na prática: Desenvolvimento de apresentações por meio do Google Docs 105

Enciclopédias virtuais 108

Na prática: O que fazer com a Wikipédia? 108

Construção ética de conteúdo 110

Na prática: Discussão a respeito de sites que comercializam trabalhos 111

Na prática: Detecção de plágio por meio de recursos de tecnologia de informação e comunicação 112

Considerações finais 112

X Tecnologias que educam

Parte 3
O processo de ação na prática 115

Capítulo 7
Explorando o ambiente educacional: desafios e oportunidades 117

Um caso sobre sustentabilidade 118

O desafio da transdisciplinaridade e as tecnologias da Internet 118

Dimensões do ambiente educacional 120

O livro aberto 122

Capítulo 8
A aula aberta 125

Programas educacionais com tecnologias de informação e comunicação 126

Produtividade no uso de tecnologias 126

Casos reais em programas educacionais 127

    Na prática: O *Master Business Information Systems* (MBiS) da Pontifícia Universidade Católica
        (PUC-SP) 127

    Na prática: Os sistemas de Gestão da Aprendizagem ou *Learning Management Systems* (LMS) 131

    Na prática: *Master Business Administration* (MBA) em gestão estratégica de negócios da
        Universidade de Sorocaba (Uniso) 135

    Na prática: Pós-graduação em gestão estratégica de pessoas do Serviço Nacional de
        Aprendizagem Comercial de São Paulo (Senac-SP) 137

Capítulo 9
Inspirando novos conhecimentos 141

Representando e comunicando estratégias 142

Programas educacionais são guias 144

Ensinar e aprender a partir da sala de aula 144

Ensinar e aprender com qualidade 145

O conhecimento se transforma 147

Referências bibliográficas 149

Sobre os autores 153

Posfácio 155

Comentários sobre o livro 159

Índice remissivo 161

Prefácio

É uma satisfação escrever o prefácio deste livro, que trata de assuntos extremamente importantes para educadores em uma sociedade cada vez mais conectada à Internet. Desde 2000, convivo com os professores Gregorio Ivanoff e Fábio Câmara no MBA em gestão estratégica de tecnologia — MBIS PUC-SP, e eles sempre se mostraram motivados na adoção de novas tecnologias em atividades educacionais.

A Internet começou a funcionar comercialmente no Brasil em dezembro de 1995, e a cada ano surgem novos serviços que passam a ser utilizados rapidamente por internautas e empresas no Brasil e no mundo. Tirar proveito desses serviços continua sendo um desafio para qualquer organização. No segmento educacional, por exemplo, os desafios dos educadores da escola de ensino fundamental até os cursos de pós-graduação ou dos educadores de universidades corporativas estão presentes no dia a dia das salas de aula real e virtual. As pessoas que acessavam a Internet apenas com computadores agora desfrutam dos benefícios da mobilidade com notebooks, celulares e SmartPhones, que nos permitem estar sempre conectados à rede de qualquer local.

Os autores abordam os desafios enfrentados por todos nós e indicam caminhos que permitem criar atividades on-line e integrá-las às atividades presenciais. Eles classificam categorias de programas educacionais e indicam que tecnologias e atividades podem contribuir na elaboração dessas atividades.

Em meu papel de coordenador do MBIS PUC-SP, tive a oportunidade de incentivar professores, alunos, ex-alunos, pesquisadores e executivos a participarem de ações on-line com comunidades virtuais. Começamos com os fóruns de discussão em nosso Portal KM em 2000 e, nos últimos três anos, lançamos nossa comunidade no LinkedIn. com. Essas ações facilitaram muito a comunicação e a interação com a comunidade. Vale ressaltar que compartilhar conhecimento, envolver um time de pessoas motivadas pelos projetos e mesclar ações on-line com atividades presenciais foram pontos importantes nesse processo.

Nos últimos 15 anos, percebo, em sala de aula, que o surgimento e a utilização de novas tecnologias — como jogos, comunidades virtuais, blogs, e-learning e redes sociais — contribuem para motivar os alunos a participarem mais ativamente das atividades propostas. Aprender, ensinar, informar e comunicar sempre estiveram presentes na sociedade — o desafio agora é planejar cuidadosamente como utilizar essas novas tecnologias em nossas organizações. Este livro traz um excelente conteúdo que nos faz refletir, orienta-nos e nos indica caminhos para navegarmos e planejarmos cuidadosamente atividades para nossos alunos.

Desejo a todos uma excelente leitura!

Prof. Dr. Alexandre Campos Silva
Gerente de Consultoria da IDC Brasil. Professor do Mestrado TIDD,
em inovação e cultura digital, e Coordenador de MBA em TI, ambos da PUC-SP.

Agradecimentos

Agradecemos a todos que, explorando suas capacidades de associação, permitiram identificar a riqueza de organizações que produzem a visão de ensinar e aprender com tecnologias de informação e comunicação.

Desde indivíduos e microcomunidades até organizações estruturadas, todos de alta complexidade, são as relações mais valiosas entre pessoas, ideias e tecnologias que integram capital intelectual significativo.

Em especial, agradecemos aos colegas, alunos, coordenadores e comunicadores das faculdades, universidades e demais instituições educacionais com quem nos relacionamos.

Agradecemos a todas as organizações, sempre entendidas como processos de ações e decisões regulados por sujeitos em busca da congruência que leva ao bem-estar.

Agradecemos aos nossos familiares pelo apoio profundo, em todos os momentos!

Apresentação

Professores trabalham muito! Trabalham descobrindo as capacidades dos alunos e potencializando essas capacidades ao máximo.

O agir de professores envolve, entre tantas alternativas, a construção de significados compartilhados. A complexidade de mais essa ação vem de circunstâncias sempre presentes, para as quais identificamos o conceito de práticas.

Práticas como circunstâncias nos pareceram adequadas para ensinar e aprender com tecnologias de informação e comunicação. O desafio não está em simplesmente ensinar ou aprender, mas em ensinar e aprender com tecnologias de informação e comunicação.

Buscamos inspiração na mudança organizacional e registramos as reflexões sobre nossas experiências como alunos e professores, incluindo as situações organizacionais mais complexas. Integramos três práticas mais complexas, que exploramos e analisamos: a *utilização de bases de dados e informações*, a *comunicação e a interação,* e a *construção de conteúdo.*

As tecnologias de informação e comunicação ampliam o campo da educação sem alterar os procedimentos formais. Afinal, julgamentos de utilidade e beleza são realizados pela sociedade e aos pares. Professores trabalham muito aqui também.

Reforçamos no texto a inteligência e a cognição abertas à comunidade. Ensinar e aprender com tecnologias de informação e comunicação deve estar aberto ao que já acontece no meio social e ao que acontecerá hoje, amanhã e anos a frente, sempre como é apropriado aos empreendimentos visionários.

Ensinar e aprender com tecnologias de informação e comunicação também deve submeter-se ao exame de relevância da produção do conhecimento. Nunca foi tão fácil analisar esse aspecto como agora. O exame de circunstâncias adicionais, estratégias, processos e recursos, que fazemos nos capítulos centrais, reforça que o avanço das tecnologias expande o conhecimento comum com grande velocidade.

Finalmente, vamos explorar a dinâmica de convenções sobre ensinar e aprender com tecnologias de informação e comunicação. A educação é um conceito em movimento, ou seja, um processo. Sua análise requer essa consideração.

Tecnologias que educam: ensinar e aprender com tecnologias de informação e comunicação é mais um de uma série de livros que inclui: *Design instrucional na prática;*

Como aprender: andragogia e as habilidades de aprendizagem; *ABC da EaD: a educação a distância hoje*.

A produção do conhecimento em todos esses casos é ação e resultado desejado que se transforma em nova ação.

Boa leitura! Que as práticas sejam sempre as mais apropriadas.

Como ler este livro

O livro está dividido em três partes:

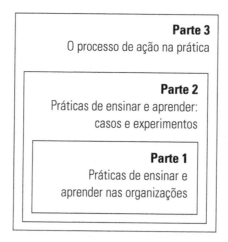

Na Parte 1, fazemos um diagnóstico do contexto, estabelecendo as principais diretrizes para a exploração dos conceitos envolvidos. Propomos uma ferramenta para localização nas diferentes práticas de ensinar e aprender com Tecnologias de Informação e Comunicação (TICs).

Se você já possui planos de ensino que incluem as tecnologias como ingrediente, sugerimos que comece a ler o livro pela Parte 1. Se ainda não tem planos de ensino integrados com tecnologias de informação e comunicação, talvez você prefira começar pela Parte 2, conhecendo as três principais práticas que destacamos no livro: utilização de bases de dados e informações; comunicação e interação e construção de conteúdo.

Na Parte 3, fazemos um convite ao intercâmbio de reflexões e experiências. Além disso, tratamos o livro de forma aberta, nossa experiência prática em programas educacionais que incluem as tecnologias e sugestões para o avanço na concretização de novos conhecimentos e práticas.

O livro será finalizado com questões emergentes relacionadas a organizações e pessoas.

Material adicional

Para complementar a aprendizagem, o livro conta também com o apoio de um site (www.grupoa.com.br), em que professores podem acessar materiais adicionais que auxiliarão a exposição das aulas e o aprendizado.

Para professores

- Apresentações em PowerPoint para utilização em sala de aula.

Esse material é de uso exclusivo para professores e está protegido por senha. Para ter acesso a eles, os professores que adotam o livro devem entrar em contato com seu representante Grupo A ou enviar e-mail para distribuicao@grupoa.com.br.

Gregorio Bittar Ivanoff
Fábio Câmara Araújo de Carvalho

PARTE

1

Práticas de ensinar e aprender nas organizações

Educar e qualificar são, cada vez mais, necessidades fundamentais para países que buscam uma posição de destaque em uma economia do conhecimento. Um documento publicado pelo Banco Mundial[1] mostra os quatro pilares que, juntos, formam a economia do conhecimento de uma nação:

- Regime de incentivos econômicos e institucionais;
- Infraestrutura de informação e comunicação;
- Sistema de inovação;
- Educação e qualificação.

Educação e qualificação abrangem o atendimento das necessidades para que as pessoas criem, compartilhem e utilizem as competências e habilidades por meio da educação.

A metodologia do Banco Mundial para verificar os avanços dos países na economia do conhecimento[2] define os seguintes indicadores de educação e qualificação: a taxa de alfabetização de adultos e as taxas de matrículas no ensino médio e no ensino superior. Criar, compartilhar e utilizar a educação e a qualificação significa ter cidadãos alfabetizados e contabilizar resultados que incluem diplomas e produção relevante de conhecimento.

A integração com os outros pilares da economia do conhecimento — regime de incentivos econômicos e institucionais, infraestrutura de informação e comunicação e sistema de inovação — cria um círculo virtuoso. Os avanços em um dos pilares certamente se refletem em avanços nos demais. Todos os quatro pilares da economia do conhecimento podem ser interpretados como circunstâncias sempre presentes nas práticas envolvendo o processo educativo.

Os próprios conceitos básicos de informação e comunicação também podem ser interpretados como práticas do processo de ensino e aprendizagem, pois envolvem toda a sociedade e, em especial, professores e alunos. Interferem em programas educacionais e nas organizações.

Nos capítulos seguintes, vamos explorar e analisar práticas, pessoas, programas e organizações. Vamos preparar o campo para a exploração e análise das três práticas que acreditamos serem as principais promotoras dos objetivos da economia do conhecimento:

- Utilização de bases de dados e informações;
- Interação e comunicação;
- Construção de conteúdo.

Como engenheiros e professores, pretendemos dar nossa contribuição, o que pode exigir, inclusive, o eventual retrabalho em nossas disciplinas de origem.

Somos partes interessadas no avanço e na exploração de práticas que promovam a mudança sustentável, como circunstância sempre presente.

Notas

1   *Measuring knowledge in the world's economies.* Disponível em: <http://siteresources. worldbank.org/INTUNIKAM/Resources/KAM_v4.pdf.>. Acesso em: ago. 2008.

2   Disponível em: <www.worldbank.org/kam>. Acesso em: abr. 2009.

1 As novas práticas de navegação

Todos já ouviram falar na famosa Escola de Sagres, supostamente criada pelo Infante D. Henrique, no século XV. Nela teriam sido desenvolvidas as tecnologias náuticas que resultaram nas grandes navegações.

Segundo historiadores, no entanto, a Escola de Sagres jamais existiu. O historiador Fábio Pestana Ramos (2009) afirma que as citações sobre a Escola de Sagres são baseadas em um único mapa de um pirata inglês que registrou algumas construções em Sagres na época, sem nada referente à existência de uma escola de navegação.

Da prática das navegações, entretanto, ninguém duvida. A segunda metade do século XV foi um período de intenso descortinar de novas rotas marítimas, que não podiam ser reveladas para não cair nas mãos dos ingleses ou dos espanhóis.

A compreensão das práticas das navegações proporcionou significado para os fatos e eventos que ficaram registrados, incluindo a informação histórica sobre a Escola de Sagres.

Práticas são mais que rotinas visíveis e atividades observáveis. São circunstâncias sempre presentes, vitais para que possamos negociar com o mundo que nos rodeia e para atribuir sentido às nossas vidas, seguindo o trabalho de Chia (2004).

Estamos vivendo novamente um período de práticas de navegações, inclusive com navegadores. Só que desta vez não é só nos oceanos que estamos navegando. Estamos navegando também em uma infinidade de novos espaços criados pela mente humana que, em conjunto, chamamos de ciberespaço, Internet, ambiente virtual e tantas outras denominações.

Neste novo período de navegações, identificamos, a exemplo dos navegadores do século XV, novas circunstâncias, estratégias, processos e recursos.

Navegando com tecnologias de informação e comunicação (TICs)

Existem formas diferentes de ver o mundo, existem diferentes pontos de vista. Vamos enxergar a informação e a comunicação, no momento atual, como práticas essenciais, como circunstâncias sempre presentes. Vamos entender, também, o ensinar e o aprender como processos centrais de organização, de formação e de educação.

A tecnologia pode ser definida como o conjunto de técnicas, processos, métodos, meios e instrumentos de um ou mais domínios da atividade humana.

Integramos, exploramos e analisamos três práticas específicas para ensinar e aprender com tecnologias de informação e comunicação:

- Utilização de bases de dados e informações;
- Comunicação e interação;
- Construção de conteúdo.

Com essas três práticas e uma proposta de navegador, esperamos desvendar as múltiplas possibilidades de caminhos a serem percorridos.

Interpretamos novas práticas a partir de circunstâncias, estratégias, processos e recursos de informação e comunicação. Assim como o ser humano vai se tornando mais complexo, nossa interpretação vai se tornando mais complexa, enriquecida pelo ensinar e aprender até mares nunca dantes navegados! A Figura 1.1 apresenta um modelo esquemático desse processo.

Para cada uma das práticas específicas, será detalhado um plano de navegação, enfocando circunstâncias, estratégias, processos e recursos.

Antes, entretanto, faremos algumas explorações envolvendo os conceitos de ensinar, aprender, informação e comunicação.

Mesmo se tratando de atividades complexas, ensinar, aprender e perceber práticas de informação e comunicação deve ser algo realizado com facilidade e simplicidade.

Decidimos criar um dispositivo para facilitar a análise de práticas mais complexas — um navegador capaz de permitir a análise qualitativa das práticas propostas.

Utilizando um navegador

As circunstâncias de informação e comunicação representam, em conjunto, imensos novos espaços. Ensinar e aprender com tecnologias de informação e comunicação sugerem a adoção de recursos apropriados.

Decidimos, a partir dessas reflexões, criar um navegador. Afinal, sem navegadores, não podemos nem imaginar escolas de navegação!

Quando as práticas se tornam mais complexas, nosso navegador deve permitir navegar programas educacionais, organizações, sistemas e entidades educacionais. Deve orientar o agir de professores e alunos em tecnologias, aulas e avaliações.

Figura 1.1 Modelo de práticas de ensino e aprendizagem com tecnologias de informação e de comunicação (TICs)

Nos novos espaços de navegação, informação e comunicação são circunstâncias; ensinar e aprender são processos. As ações e interações para ensinar e aprender são caminhos, novas rotas nos espaços de práticas de informação e comunicação.

Também vamos precisar de mapas, esquemas, projetos, planos e registros de experiências e resultados.

A Figura 1.2 mostra o navegador sem indicações específicas.

Navegando pelas práticas essenciais

As práticas de informação e o processo de aprender

Vamos começar a usar nosso navegador com as circunstâncias de informação e com o processo de aprender.

Destacamos, em primeiro lugar, dois recursos: livros e bibliotecas. Entendemos que livros e bibliotecas reforçam a prática da informação e o processo de aprender. Ao escrever um livro, produzimos informação. Ao registrar um trabalho acadêmico em uma biblioteca, depositamos informação. Certamente a comunicação também está presente, mas a informação é a circunstância predominante. Da mesma forma, ao se acessar um livro ou uma biblioteca, o que se enfatiza é o processo de aprender. Ensinar também faz parte, mas aprender é o processo predominante.

O Quadro 1.1 apresenta livros e bibliotecas como recursos da prática de informação e do processo de aprender.

FIGURA 1.2   Navegador sem indicações específicas

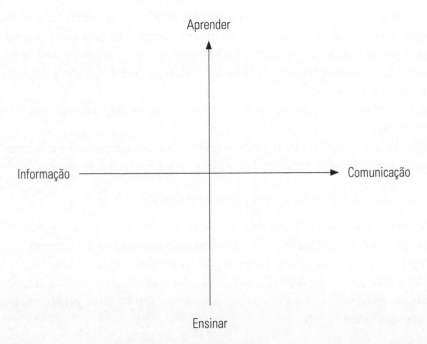

Quadro 1.1 Livros e bibliotecas nas práticas da informação e no processo de aprender

Livros
Os estudos podem ser direcionados por meio da composição de várias referências bibliográficas. É possível formatar livros a partir de capítulos de vários autores de modo personalizado, para cada curso.
Bibliotecas
Podem ser utilizadas como um meio e instrumento para aprender de modo sistematizado, orientado e conduzido. Também podem ser utilizadas de modo não sistematizado.

As práticas de informação e o processo de ensinar

Nosso próximo passo continua nas práticas de informação e avança em direção ao processo de ensinar.

Destacamos aqui recursos como quadros, retroprojetores, imagens impressas e computador com projetor de imagens. Esses recursos reforçam as práticas de informação e o processo de ensinar. O emprego de quadros se apresenta atualmente em múltiplas alternativas, desde o tradicional quadro de giz, preto ou verde, o quadro branco com pincéis atômicos, até o quadro inteligente, usado também em programas de televisão. O recurso ao retroprojetor ainda é muito útil nas situações em que se tem uma nova apresentação de última hora e quando usamos transparências impressas por computador.

Para a apresentação de conceitos mais complexos, percebemos a facilidade de utilizar modelos previamente elaborados e impressos. Os novos materiais de apoio impressos têm sua utilidade ampliada a partir de possibilidades melhoradas de impressão.

Muitas salas de aula e anfiteatros contam com recursos de projeção previamente instalados. A possibilidade de utilização dos computadores em conjunto com os projetores transforma as apresentações, desenvolvendo a imaginação e a reflexão e potencializando os resultados da exposição.

Todos esses recursos estão presentes no processo de ensinar e envolvidos nas práticas de informação.

O Quadro 1.2 mostra quadros, retroprojetores, imagens impressas e computador com projetor de imagens como recursos das práticas de informação e do processo de ensinar.

As práticas de comunicação e o processo de aprender

Passamos a tratar das práticas de comunicação e do processo de aprender. Destacamos, nesse caso, as dinâmicas de grupo, importantes quando abordagens impessoais de integração de conhecimento como regras, diretivas, rotinas e sequências não são suficientes para produzir resultados desejados. Nessas circunstâncias, dinâmicas interpessoais são necessárias para a tomada de decisão e a resolução de problemas em grupo, como assinala Grant (1996).

As novas práticas de navegação **7**

Quadro 1.2 Recursos para as práticas de informação no processo de ensinar

Quadros
São recursos comuns utilizados para explicitar conteúdos ou para conduzir um raciocínio lógico em determinado ponto desenvolvido pelo professor.
Retroprojetores
Equipamentos para reprodução de slides, úteis principalmente para imagens fotográficas. Podem ser utilizados para substituir os quadros em relação ao conteúdo a ser apresentado.
Imagens impressas
Para desenvolvimento de trabalhos lúdicos, coletivos ou para auxiliar na explicitação de conceitos interdisciplinares.
Computador com projetor de imagens
Podem ser utilizados com os mesmos objetivos do retroprojetor ou trazer outros recursos multimídias para a aula, como vídeos, imagens e até acesso à Internet.

A integração direta de conhecimentos, envolvendo reuniões, é uma ação complexa, de alto valor e que requer tempo. Pode se manifestar em situações de crise, mesmo levando em conta as dificuldades inerentes da comunicação subjetiva de conhecimentos.

O Quadro 1.3 apresenta dinâmicas de grupo como recursos das práticas de comunicação e do processo de aprender.

As práticas de comunicação e o processo de ensinar

Por fim, avançamos para as práticas de comunicação e o processo de ensinar. Destacamos aqui situações mais complexas de aprendizagem, como o uso do laboratório de informática, os jogos e os simuladores virtuais.

Laboratórios de informática têm múltiplas funções. Podem ser usados em aulas para a apresentação de conceitos que necessitam da utilização e prática no computador. Podem ser usados para a aprendizagem individual e na elaboração de trabalhos. Também podem ser usados em aulas que usam jogos para ensinar.

Jogos costumam ser guias de programas educacionais. Quando envolvem a utilização de laboratórios de informática, criam ambientes propícios à integração de conceitos de várias disciplinas, colocando alunos e participantes em situações de simulação real.

Quadro 1.3 Dinâmicas de grupo nas práticas de comunicação e no processo de aprender

Dinâmicas de grupo
São práticas utilizadas, por exemplo, em cursos de educação continuada e pós-graduação, para trabalhar conceitos por meio da interação do coletivo.

Os simuladores virtuais mais conhecidos são aqueles utilizados para ensinar pilotos de avião. Em nosso caso, entretanto, queremos também destacar simuladores coletivos.

A simulação permite aprender muitas coisas ao mesmo tempo. Ensinar nessas condições costuma ser bastante diferente que em outras situações mais tradicionais. Ao professor cabe a regulação e a produção de regras externas ao processo e a avaliação em relação a essas regras e às regras produzidas pelos participantes antes e durante o processo de simulação (SVEIBY, 1998; MAGGI, 2006).

O Quadro 1.4 apresenta laboratórios de informática, jogos e simuladores virtuais como recursos das práticas de comunicação e do processo de ensinar.

Navegando por práticas mais complexas

Identificamos, registramos e exploramos três práticas para ensinar e aprender com tecnologias de informação e comunicação: *utilização de bases de dados e informações, comunicação e interação e construção de conteúdo.*

Para conhecer melhor essas três práticas, passaremos a utilizar nosso navegador. Usaremos o navegador para localizar cada uma das práticas componentes e avaliar seus níveis de complexidade.

QUADRO 1.4 Laboratórios de informática, jogos e simuladores virtuais nas práticas de comunicação e no processo de ensinar

Laboratórios de informática
Podem ser utilizados para a realização de pesquisas extraclasse, com o intuito de fazer que o aluno busque informações adicionais ou aprofunde os conteúdos apresentados em aula.

Jogos
São recursos que facilitam o aprendizado e podem funcionar como estratégias de ensino pelos professores. A utilização de jogos para objetivos de aprendizagem é bastante antiga, sendo registrada desde antes de Cristo.[1] Os jogos podem ser presenciais ou virtuais, jogados entre pessoas, com ou sem a mediação de programas de computador, ou simplesmente pelo computador.   Quase todos os jogos possuem objetivos e regras previamente definidas ou que podem ser definidas pelos participantes.   Os jogos são atraentes, desafiam e simplificam uma realidade previamente construída pela sociedade, ou seja, reúnem elementos essenciais para a motivação ao aprendizado.

Simuladores virtuais
Em meados da década de 1990, popularizou-se um simulador de cidades denominado SimCity.[2] Esse jogo evoluiu a ponto de projetar uma cidade com alto nível de complexidade, submetida à gestão pública, orçamento, planejamento de infraestrutura, leis de trânsito, e até a conflitos sociais e desastres naturais. O desafio de construir e gerenciar um contexto social tão complexo agrada desde o adolescente até o adulto. A mesma empresa que criou o SimCity projetou o The Sims,[3] um jogo em que uma vida virtual pode ser criada e vivida em sociedade. A simulação pode se aproximar tanto da realidade que soubemos de casos entre alunos em que namoros reais e virtuais acabaram se confundindo.

Ao registrar experiências de cada uma dessas práticas, percebemos circunstâncias, estratégias, processos e recursos. Percebemos também o agir de professores e alunos.

Para a prática específica de *utilização de bases de dados e informações*, exploramos e analisamos mensagens eletrônicas ou e-mails, buscadores de Internet, computadores pessoais, imagens, mapas, vídeos, arquivos, dicionários, tradutores e bibliotecas virtuais.

Avançamos na complexidade com relação a práticas simplificadas de informação, considerando que ensinar e aprender estão inseridos no processo e interferem nele. Devemos entender práticas como utilização de bases de dados e informações também como circunstâncias sempre presentes.

Certamente isso se dará em múltiplas escalas de variação para professores, alunos, entidades e localidades. Entretanto, práticas como essa estão se tornando cada vez mais utilizadas e por essa razão devem ser destacadas.

A utilização de bases de dados e informações está, principalmente, relacionada com a área da esquerda do navegador. Refere-se ao processo de ensinar e aprender com informação, com tecnologias de informação. A Figura 1.3 ilustra a localização da prática de utilização de bases de dados e informações.

A segunda prática específica é a de *comunicação e interação*. Essa prática está principalmente relacionada com a área da direita do navegador. Refere-se ao processo de ensinar e aprender com comunicação, com tecnologias de comunicação.

Figura 1.3 Localização da prática de utilização de bases de dados e informações no navegador

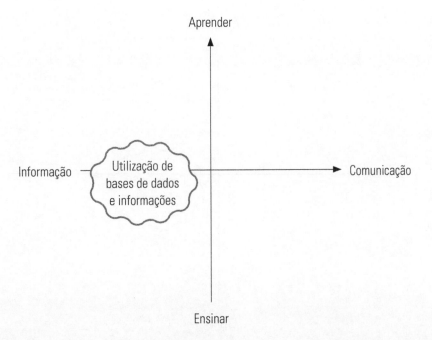

Para essa prática, destacam-se novamente os e-mails, as salas de bate-papo, os grupos e comunidades virtuais, os fóruns de discussão, as mensagens instantâneas, as reuniões e videoconferências, o relacionamento na rede, a TV e os blogs.

É interessante observar que e-mails são percebidos igualmente nas duas primeiras práticas, tanto de utilização de bases de dados e informações, quanto de comunicação e interação.

O modo como um usuário utiliza sua caixa de entrada de mensagens eletrônicas revela seu perfil psicológico. Podemos comparar o número de mensagens na caixa de entrada de diferentes usuários e também mostrar o número de mensagens não lidas na caixa de entrada de um usuário e comparar com o número de mensagens não lidas na caixa de entrada de outros usuários. Atenção, portanto, a sua caixa de entrada. Os psicólogos em breve farão perguntas sobre ela!

Por sua vez, os filtros anti-spam e a alocação automática de mensagens em pastas específicas funcionam como poderosos auxiliares de uma caixa de entrada saudável.

O avanço da comunicação e interação entre professores e alunos deve permitir observar um avanço proporcional no número de e-mails eletrônicos trocados e também um avanço em ações e interações envolvendo o ensinar e aprender com o recurso de mensagens eletrônicas.

A prática de comunicação e interação também está se manifestando como algo sempre presente e assim deve ser destacada. A Figura 1.4 ilustra a localização da prática de comunicação e interação.

Figura 1.4 Localização da prática de comunicação e interação no navegador

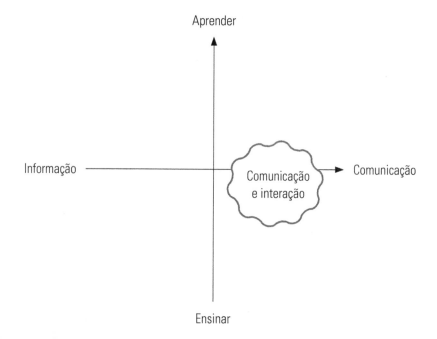

A terceira prática específica que iremos analisar é a prática de *construção de conteúdo*. Nessa prática, exploramos documentos, apresentações e slides, planilhas eletrônicas, páginas eletrônicas, construção colaborativa e enciclopédias.

A prática de construção de conteúdo também está se manifestando como algo sempre presente e assim deve ser destacada.

Essa prática está, principalmente, relacionada com a área inferior em nosso navegador. Refere-se ao processo de ensinar com informação e comunicação, com tecnologias de informação e comunicação. A Figura 1.5 ilustra a localização dessa prática.

Cada uma das três práticas será explicitada e conhecida em detalhes na Parte 2 deste livro. Avançaremos em complexidade, mostrando a relação entre as práticas que indicamos, o agir de professores e alunos e programas educacionais. Nos próximos capítulos, conheceremos melhor as circunstâncias, estratégias, processos e recursos que decorrem da ação de instrutores, professores e educadores. Serão discutidas, com mais profundidade, as relações entre as práticas e organizações e sistemas.

Figura 1.5 Localização da prática de construção de conteúdo no navegador

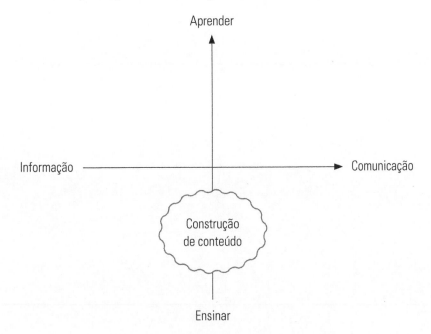

Notas

1 Disponível em: <http://www.jogos.antigos.nom.br/mancala.asp>. Acesso em: nov. 2008.
2 Disponível em: <http://simcitysocieties.ea.com/aboutscbox.php>. Acesso em: nov. 2008.
3 Disponível em: <http://thesims2.ea.com/index.php?sourceid=SimCityFooter>. Acesso em: nov. 2008.

2   A mudança organizacional e o agir de professores e alunos

Podemos sempre mudar nossa maneira de entender a informação e a comunicação. A informação e a comunicação estão sendo interpretadas como práticas ou circunstâncias sempre presentes. Ao interpretá-las, percebemos também a presença de processos de organização. Esses processos envolvem ensinar e aprender.

Para ir além, precisamos descobrir também como é concebido o processo do agir de professores e alunos. Vamos mostrar que ambos — alunos e professores — interferem nas três práticas que estudamos anteriormente: utilização de bases de dados e informações, comunicação e interação e construção de conteúdo. Evidentemente não podemos nos esquecer de que existe também outra modalidade de processo educacional, igualmente valiosa. Ela está relacionada com o trabalho autônomo do aluno, sem a participação direta ou presencial do professor. Neste estudo, no entanto, vamos destacar o trabalho do professor e dos agentes formadores nos processos de ensino e aprendizagem.

Como professores, usamos, no dia a dia, muitos dos recursos que analisaremos. Vamos então aproveitar para navegar um pouco por nossas próprias experiências.

O conhecimento de um grupo de amigos

Em 1996, para estudar o conceito de gestão do conhecimento, um grupo de seis amigos optou por fazer encontros mensais de estudos. Cada um dos participantes leria o mesmo capítulo de um livro que seria comentado e debatido nas reuniões.

As reuniões teriam a duração de apenas 90 minutos e seriam realizadas sempre nas primeiras quartas-feiras de cada mês, após o almoço. O grupo seria composto por um máximo de dez participantes.

Não é necessário dizer que essas reuniões foram divertidas e proveitosas, pois duraram muitos e muitos anos!

Houve momentos intensos e o saldo foi enriquecedor. Muitas das reuniões foram utilizadas por pesquisadores em seus processos de mestrado e doutorado, para treino e testes de ideias e apresentações que, depois, nas situações formais, foram conduzidas com sucesso.

Muitos conceitos e ideias nasceram, evoluíram e foram refinados a partir dessas reuniões. Acabou-se estruturando também uma comunidade de prática e um grupo virtual, com muito mais que dez participantes, e que existe até hoje.[1]

Um dos conceitos explorados nessas reuniões foi o de *visão do conhecimento*, conforme observa Von Krogh (2001). A aplicação desse conceito parece relativamente simples.

Esse conceito pode ser traduzido pela ideia de que um dos principais desafios para os gestores na economia do conhecimento será descobrir o que as organizações precisam saber no futuro.

Trata-se de uma ideia de grande impacto. Apresentada em sala de aula, produziu a demanda, por parte dos alunos, por exemplos práticos.

A exploração e a produção de exemplos práticos de visão do conhecimento se iniciou a partir do final de 2005 e começo de 2006. No final de uma das reuniões, entendeu-se que a visão do conhecimento poderia ser mais bem interpretada como a visão da organização para o conhecimento como valor.

Mais à frente, percebeu-se que caberia também a possibilidade da visão da instituição para o conhecimento como valor e, ainda, que a visão do conhecimento se tratava de um ponto de vista estratégico, muito apropriado aos tempos de economia do conhecimento, que considera, para reflexões, o conhecimento como valor.

Ainda em 2006, na Universidade Cidade de São Paulo (Unicid), a visão 'o valor do conhecimento em um grande projeto' foi proposta aos alunos de pós-graduação, como inspiração para a produção de textos na disciplina de gestão do conhecimento. Um interessante resultado da proposta dessa visão foi a identificação da página de John Dewey, na enciclopédia eletrônica Wikipedia.[2]

Em 2007, iniciou-se a publicação de ensaios produzidos em conjunto com exercícios de criação da visão do conhecimento (CARVALHO, 2007). Dos cinco ensaios publicados, quatro foram produzidos por alunos de programas de pós-graduação da Universidade de Sorocaba (Uniso), com a visão do Brasil para o conhecimento como valor. O quinto ensaio foi produzido pelo professor para orientar alunos de programa de pós-graduação do Centro Paula Souza, de São Paulo. Para a produção de seus textos os alunos se inspiraram na visão 'o valor do conhecimento como premissa de projeto'.[3]

A exploração e a produção de reflexões sobre o conceito de visão do conhecimento motivaram o aprofundamento de estudos sobre a formação de competências para a mudança organizacional. Isso pode ser confirmado com a leitura de Maggi (2006). Percebeu-se que visões do conhecimento poderiam ser estabelecidas para programas educacionais específicos e até para as organizações e instituições educacionais.

Competências para a mudança organizacional

O avanço na exploração do conceito de visão do conhecimento permitiu identificar que a inspiração de visões do conhecimento poderia depender da formação de competências para a mudança organizacional, segundo o ponto de vista da teoria do agir organizacional.

A partir da teoria do agir organizacional avançou-se na navegação sobre a mudança organizacional para o agir de professores e alunos. Assim como utilizou-se o conceito de valor do conhecimento como premissa de projeto, optou-se também pela concepção de *atividade de formação*, que é a busca e promoção de conhecimentos, competências e novas orientações por todos os envolvidos no processo de aprendizagem:

> *Nessa concepção, não se fala em formadores, comitentes ou destinatários nem tampouco em papéis, porque o papel, não importa como é definido, não opera distinção entre ações, desenvolvimento das ações e sujeitos. Na lógica do agir, todos os sujeitos envolvidos no processo projetam e agem. No curso das ações e das decisões podem contribuir de maneira variável para a análise das necessidades, a planificação, os projetos, a promoção e avaliação da formação.*[4]

Esse ponto de vista sobre a formação é compatível com a proposta de práticas apresentadas no capítulo anterior.

Ensinar e aprender com tecnologias de informação e comunicação pode ser entendido como um processo de ensinar e aprender nas práticas que indicamos: utilização de bases de dados e informações, comunicação e interação e construção de conteúdo. Essas práticas podem ser consideradas circunstâncias sempre presentes.

Finalmente, utilizaremos nossa proposta de navegador para iluminar circunstâncias, estratégias, processos e recursos, percebidos e projetados tanto por professores como por alunos.

Para reforçar esse argumento, decidimos considerar também o conceito de *conhecimento comum*, desenvolvido por Grant (1996). Mesmo considerando que métodos de coordenação devem ser utilizados para as situações em que as pessoas têm estoques diferentes de conhecimento, a comunicação e o compartilhamento de conhecimentos dependem de conhecimentos comuns.

O exemplo trazido por Grant é o da preparação de um texto por dois autores. Segundo sua proposta, a eficiência é maximizada se duas condições estão presentes: se cada um dos autores não precisa aprender tudo o que o outro sabe e vice-versa; e quando os autores estabelecem um modo de interação que reserva os encontros de compartilhamento de conhecimentos para as demandas de maior complexidade e incerteza.

A chave para a eficiência é atingir a integração efetiva de conhecimentos ao mesmo tempo que se minimiza a necessidade do amplo compartilhamento de conhecimentos por meio da aprendizagem cruzada dos envolvidos no processo organizacional.

Tipos diferentes de conhecimento desempenham diferentes papéis na integração de conhecimentos. Podemos discriminar os seguintes aspectos:

- **Linguagem** — A existência de uma linguagem comum é fundamental quando a integração de conhecimentos é realizada por meio de regras e diretivas ou quando é realizada pela resolução de problemas e tomada de decisões em grupo. Estudantes que falam línguas diferentes deverão fazer mais esforços para coordenar seus conhecimentos.
- **Outras formas de comunicação simbólica** — A familiaridade, o conhecimento e a destreza na utilização de programas computacionais específicos são outro

exemplo de comunicação simbólica. Quando alunos e professores conhecem jogos físicos, jogos eletrônicos ou programas como o Second Life, outras possibilidades de linguagem estão disponíveis para a comunicação. Listamos alguns exemplos de jogos físicos e jogos eletrônicos nos quadros 2.1 e 2.2.

- **Aspectos comuns do conhecimento especializado** — Esse é um caso de paradoxo; parece uma contradição, mas tem solução! O benefício da integração de conhecimentos está em articular os diferentes conhecimentos especializados de diferentes pessoas; se duas pessoas têm a mesma base de conhecimentos, não há vantagem com a integração. No entanto, se as pessoas têm bases de conhecimentos completamente separadas, a integração não vai ocorrer além de níveis básicos ou primitivos.

- **Construção de significados compartilhados** — O conhecimento das pessoas pode ser comunicado pelo estabelecimento de compreensões compartilhadas entre elas. Grant faz um comentário interessante sobre esse aspecto, dizendo que ensinamentos que a princípio parecem sem sentido podem ter seu significado descoberto pela convivência entre alunos e professores, pelo compartilhamento de esquemas de cognição comuns ou pelo uso de metáforas, analogias e histórias como veículos para moldar, integrar e reconciliar diferentes compreensões e experiências individuais.

- **Reconhecimento de domínios individuais de conhecimento** — A compreensão compartilhada facilita o agir coordenado. A integração efetiva de conhecimentos requer, entretanto, que cada pessoa esteja consciente do repertório de conhecimento de todas as outras. Interdependências recíprocas ou de grupos, como as que acontecem em um time de futebol, requerem coordenação por ajustes mútuos. Chegar a esse ponto sem comunicação explícita requer que cada jogador reconheça as habilidades de outros jogadores. Esse reconhecimento mútuo favorece o sucesso da coordenação mesmo em situações novas.

Conhecimentos comuns são fundamentais para a integração de conhecimentos diferentes.

Estratégias bem-sucedidas para a mudança organizacional podem depender ainda de mais alguns ingredientes como conflitos, contradições, paradoxos, ambiguidades e dilemas.

Representa também um grande desafio buscar e adaptar jogos físicos e eletrônicos para auxiliar nos processos de ensino e aprendizagem. A responsabilidade de coordenar diversão com os objetivos de aprendizagem deve ser regulada entre professores, alunos e outros formadores envolvidos no processo educativo.

Mediadores de conflitos e ativistas do conhecimento

A mediação de conflitos é um dos aspectos mais instigantes na integração dos formadores de conhecimento. Em 2007, refletimos sobre essa questão debatendo um

A mudança organizacional e o agir de professores e alunos **17**

Quadro 2.1 Jogos físicos

Conceitos matemáticos
As crianças podem aprender conceitos de matemática por meio de jogos com figuras geométricas, jogos que permitem operações aritméticas, e conceitos de língua portuguesa e estrangeira por intermédio de associações de figuras a palavras ou figuras e conceitos.
Consciência espacial
O desenvolvimento da consciência e dimensão do espaço físico pode ser trabalhado a partir de quebra--cabeças. O desenvolvimento físico do equilíbrio também pode ser trabalhado por meio de jogos específicos (Ponto de Equilíbrio, Torre de Pisa, Pega Varetas).
Raciocínio lógico
O raciocínio lógico pode ser trabalhado a partir de jogos como xadrez, dama, gamão, mancala, go.
Estratégia
Os conceitos de estratégia podem ser trabalhados com jogos com baralhos, simulações de guerra (War), Resta Um, simulações de distribuição de produtos (Transport DHL).
Habilidades interpessoais
Habilidades teatrais podem surgir de um jogo que simule situações reais (Imagem e Ação). Simulações da vida real (Banco Imobiliário e Jogo da Vida) desenvolvem habilidades práticas. Alguns professores desenvolvem jogos para adolescentes e adultos no intuito de facilitar a inserção no mercado de trabalho por meio de simulações de mercado; mais conhecidos como jogos de empresas. Alguns jogos são utilizados em ambientes específicos e faculdades, como os jogos que operam com conceitos de operações logísticas.

Quadro 2.2 Jogos eletrônicos

Jogos com regras explícitas
Os jogos eletrônicos também possuem regras e objetivos bem explicitados, porém na grande maioria exploram a capacidade de o aluno desenvolver estratégias para vencer o jogo. Desde o Tetris, para trabalhar a lógica de encaixe de figuras geométricas, aos violentos jogos de lutas e automobilísticos (alguns considerados agressivos), há uma infinidade de jogos eletrônicos disponíveis gratuitamente e que podem ser trabalhados em nível individual e coletivo. Há também jogos que permitem um nível de complexidade bem alto e podem explorar no aluno a capacidade em desenvolver cidades e trabalhar com contextos sociais, como o SimCity,[5] bem como outros simuladores.
Jogos sem regras predeterminadas
Recentemente outra ferramenta aberta tem despertado interesse — o ambiente virtual denominado Second Life, que simula a vida real. O Second Life (segunda vida, em inglês) é uma espécie de jogo que mescla rede social e comércio eletrônico. Foi desenvolvido em 2003 e é mantido pela empresa Linden Lab. O nome Second Life remete a uma vida paralela, a uma segunda vida além da principal, real. Dentro do próprio jogo, o jargão utilizado para se referir à primeira vida do usuário é RL, ou *real life* (vida real, em inglês). Vale destacar que milhões de identidades vivem nesse mundo virtual simulado que, ao contrário dos jogos, não possui regras predeterminadas. O site em português que oferece a instalação do programa atua com a atrativa chamada publicitária "Libere seus instintos e fantasias num mundo virtual 3D onde tudo tem impacto sobre sua vida real!".[6]

texto publicado pela Associação Nacional de Resolução de Conflitos de Portugal (Consulmed):

A escola é uma instituição que promove a educação cultural e social do homem, mas é, também, um espaço onde podem surgir problemas como a exclusão, o absenteísmo e conflitos entre alunos, professores e alunos, pais e professores.

Sendo o conflito inevitável e intrínseco ao ser humano, a aprendizagem da habilidade de resolver é tão necessária como a aprendizagem de qualquer outra matéria curricular.

A mediação escolar é um meio de aprendizagem e aperfeiçoamento da habilidade de saber negociar cooperativamente a resolução do conflito, baseado no modelo 'ganha-ganha', em que todas as partes envolvidas saem vitoriosas satisfazendo seus interesses, ocorrendo uma recomposição dos vínculos quebrados.[7]

Para auxiliar na resolução de conflitos, é importante que a classe, a escola ou a organização estabeleçam objetivos para os envolvidos:

- A cooperação (confiando, ajudando e compartilhando com os outros);
- A comunicação (por meio da observação atenta, comunicação eficaz e escuta ativa);
- O respeito e a aceitação da diferença (eliminando-se dessa forma o preconceito);
- A expressão positiva das emoções (ensinando-os a expressar sua tristeza, revolta, frustrações e raiva de forma pacífica e não agressiva);
- A resolução de conflitos (estimulando sua capacidade criativa).

Segundo as propostas da teoria do agir organizacional, tanto professores como alunos projetam e agem. Para as práticas que estamos integrando, explorando e analisando (utilização de bases de dados e informações, comunicação e interação e construção de conteúdo), consideramos ambos como ativistas do conhecimento, seguindo o trabalho de Von Krogh (2001).

Cabe tanto a professores como a alunos promover a mobilização de novos ativistas. Os ativistas de conhecimento serão os responsáveis pela promoção da cultura, da linguagem, dos valores e dos espaços educativos.

É essa promoção que também permitirá perceber sempre presentes as práticas que estamos integrando, explorando e analisando.

Serão os ativistas que identificarão circunstâncias, estratégias, processos e recursos para ensinar e aprender com tecnologias de informação e comunicação. Além de professores e alunos, os ativistas podem ser também outros agentes educativos.

Inspirando a criação de novos conhecimentos

Para que a cultura do conhecimento se dissemine em uma organização, é importante que os objetivos do ativismo fiquem claros para todos. Segundo Von Krogh (2001) podemos estabelecer seis objetivos principais:

- Deflagrar e concentrar a criação do conhecimento;

A mudança organizacional e o agir de professores e alunos **19**

- Reduzir os custos e os prazos necessários à criação do conhecimento;
- Promover as iniciativas de criação do conhecimento em toda a organização;
- Melhorar as condições dos participantes da criação do conhecimento, relacionando suas atividades com a situação mais ampla da organização;
- Preparar os participantes da criação do conhecimento para novas tarefas em que se necessite de seu conhecimento;
- Incluir a perspectiva das microcomunidades no debate mais amplo sobre mudança ou transformação organizacional.

Para ilustrar a proposta de percepção dos ativistas, vamos imaginar que os professores assumam o papel de executivos e que todos, professores, alunos e outros agentes educativos, assumem o papel de ativistas.

O Quadro 2.3 sugere a aplicação de regras básicas para incentivar o ativismo na organização. O Quadro 2.4 apresenta propostas de regras básicas para alunos, professores e demais agentes educativos.

Com essas considerações e sugestões, entendemos que navegamos pela mais desafiadora das práticas: aquela que envolve a mudança organizacional e o agir de professores e alunos.

Acreditamos que alunos e professores serão capazes de incorporar as práticas que estamos integrando, explorando e analisando em seu dia a dia. Por meio de sugestões e exemplos práticos, outros agentes do processo ensino/aprendizagem poderão tornar-se novos ativistas e descobrir novas formas de ensinar e aprender, usando as tecnologias de informação e comunicação.

No próximo capítulo, desenvolveremos rotas e cartas de navegação, mostrando como essas ideias se aplicam a programas educacionais.

Quadro 2.3 Regras básicas para incentivar o ativismo na organização

- Releia a visão do conhecimento quanto ao papel dos ativistas. Ela cria espaço para que os ativistas catalisem, coordenem e promovam a visão?
- Lance o ativismo do conhecimento como conceito na organização; inclua-o nas conversas sobre criação do conhecimento e inovação.
- Registre a história das iniciativas de criação do conhecimento e a utilize como plataforma para discutir a importância do ativismo do conhecimento.
- Inicie ampla discussão sobre como deve funcionar o ativismo do conhecimento. Esteja aberto para discutir possíveis reservas de várias pessoas na organização e descubra meios de converter os céticos em promotores entusiastas do ativismo do conhecimento.
- Discuta quem na organização tem as características de ativista do conhecimento. Faça-o com cuidado, não poupando tempo e partindo das várias pessoas com experiência direta nas habilidades necessárias ao bom ativista.
- Indique pessoas ou grupos como ativistas do conhecimento. Esclareça e defina o que se espera dos ativistas do conhecimento e as respectivas atribuições.

QUADRO 2.4 Regras básicas para alunos, professores e agentes educativos

- Identifique e batize as atuais microcomunidades do conhecimento e decida onde desenvolver novas microcomunidades.
- Ajude a formar novas microcomunidades do conhecimento.
- Analise em que medida as iniciativas locais de criação de conhecimento se alinham com a visão do conhecimento.
- Integre as microcomunidades com toda a organização, mediante o compartilhamento de histórias e a difusão das últimas novidades.
- Desenvolva mapas de cooperação compartilhados e dinâmicos — por exemplo, ilustrando graficamente as atividades de criação de conhecimento, os projetos de inovação ou os centros de excelência.
- Distribua esses mapas compartilhados entre as várias microcomunidades. Certifique-se de que os mapas são atualizados regularmente.
- Promova exposições de conhecimento — apresentações de trabalhos por cada uma das microcomunidades ou exposições em toda a organização das atividades de criação de conhecimento.

Mostraremos também como integrar programas com as práticas que estamos propondo: utilização de bases de dados e informações, comunicação e interação e construção de conteúdo.

Notas

1   GetGC — Grupo de estudos de tecnologia em gestão do conhecimento. Disponível em: <http://groups.yahoo.com/group/getgc>. Acesso em: jan. 2009.

2   Disponível em: <http://pt.wikipedia.org/wiki/John_Dewey>. Acesso em: abr. 2007.

3   Carvalho, Fábio Câmara Araújo de (org.). *Ensaios sobre sustentabilidade e gestão de conhecimento: crescimento sustentável: papel da gestão do conhecimento*. São Paulo: Pearson Education, 2007. 53p. Disponível em: <http://www.sbgc.org.br>. Acesso em: 27 out. 2008.

4   Maggi, B. *Do agir organizacional: um ponto de vista sobre o trabalho, o bem-estar, a aprendizagem*. São Paulo: Editora Edgar Blücher, 2006.

5   Disponível em: <http://simcitysocieties.ea.com/index.php>. Acesso em: nov. 2008.

6   Disponível em: <http://baixaki.ig.com.br/download/second-life.htm>. Acesso em: nov. 2008.

7   Disponível em: <http://www.ilanet.com.br/cgi-local/portal/bin/view/Persona/FormacaoDeAlunosMediadoresDeConflitos>. Acesso em: ago. 2007.

3 Navegando por programas educacionais, sistemas e organizações

Verificamos no capítulo anterior que as práticas educacionais ganham vida e se multiplicam em novas possibilidades e descobertas com o agir de professores e alunos. São as competências e habilidades de todos os agentes do processo educacional que determinam as transformações da organização educacional e seus resultados.

Neste capítulo, trataremos da criação, do desenvolvimento e das possibilidades de utilização dos programas educacionais.

Se a tecnologia está disponível e é um pré-requisito, o programa educacional pode contextualizá-la até considerá-la conteúdo. Se não está disponível, a aula seguirá outros rumos. Evidentemente os resultados tendem a se potencializar quando a tecnologia está disponível. No entanto, devemos levar em conta as possibilidades de mudança organizacional. Afinal quem nunca participou de uma aula magnífica quando toda a tecnologia prevista falhou?

Em muitas situações as pessoas preferem também a interação e a experiência de convivência.

O ponto de equilíbrio entre práticas, programas educacionais e aplicação da tecnologia exige talento e criatividade — itens que não dependem apenas das cartas de navegação!

Criando uma rota de navegação

Um programa é, antes de tudo, uma declaração ou indicação de intenções e projetos. A escolha de um programa deve fazer parte de uma rota de navegação e também envolve estratégias, processos e recursos.

Sabemos, por experiência, que as circunstâncias podem, em conjunto ou não com as estratégias, favorecer o percurso ou torná-lo ainda mais desafiador.

As cartas de navegação podem fornecer informações importantes sobre a rota a ser desenvolvida. Elas representam o conhecimento de experiências anteriores e devem ser consideradas em conjunto com os programas.

Vamos iniciar nossa rota abordando as qualidades de programas educacionais. Ao longo do livro, perceberemos que as qualidades dos programas também se tornam mais complexas, a exemplo do que acontece com as pessoas e suas organizações.

Projetando programas educacionais

Segundo nosso ponto de vista, um programa educacional deve indicar alguns pontos básicos: o desempenho pretendido do aluno, o conteúdo abordado e a categoria em que

Tecnologias que educam

se enquadra (curso, e-learning, encontro, estudo de caso e assim por diante), além do título, período em que será administrado e público-alvo, conforme indica Rodrigues e Cruz (2002) e Eboli (2004).

Para sistemas de educação corporativa, os programas educacionais podem ser categorizados em três núcleos: *programas estruturados*, *programas de intercâmbio* e *programas de autodesenvolvimento*.

Entendemos que a proposta utilizada para a concepção de sistemas educacionais para empresas e organizações é aplicável para o objetivo que estamos desenvolvendo, de traçar exemplos de cartas de navegação. As categorias de programas educacionais podem ser visualizadas no Quadro 3.1.

Usando o navegador para definição da rota

Os núcleos de programas estruturados, de desenvolvimento e de intercâmbio não estabelecem, a princípio, distinções específicas relacionadas às tecnologias de informação e comunicação ou de ações e interações envolvendo ensinar e aprender.

Os programas educacionais de e-learning, como cursos, chats, comunidades de prática e fóruns de discussão, por exemplo, aparecem nos núcleos de intercâmbio e de autodesenvolvimento.

Quadro 3.1 Categorias de programas educacionais

Núcleos	Programas educacionais
Programas educacionais estruturados	Palestras
	Cursos
	Fóruns
	Jogos
	Eventos
	Visitas
Programas educacionais de intercâmbio	Banco de ideias
	Chat
	e-learning: Chat
	e-learning: Comunidades de prática
	e-learning: Fóruns de discussão
	Encontros
	Grupos
	Oficinas
Programas educacionais de autodesenvolvimento	Bibliotecas virtuais
	e-learning: Cursos
	Estudos de caso
	TV

Propomos começar a produção de uma primeira carta de navegação a partir dessa lista, que inclui núcleos e respectivos programas educacionais.

Vamos utilizar nosso navegador para identificar as práticas que estamos propondo e as circunstâncias específicas, estratégias, processos e recursos a que estamos nos referindo.

Optamos por indicar no navegador tanto cada um dos programas educacionais específicos como os núcleos que os integram. Entendemos que a indicação qualitativa dos núcleos facilita a compreensão de resultados esperados para os programas educacionais.

Programas educacionais estruturados aparecem indicados em três quadrantes do navegador, exceto em *aprender com informação.*

Programas educacionais de autodesenvolvimento aparecem em dois dos quatro quadrantes do navegador. Como são quadrantes opostos, envolvem aprender e informação, ensinar e comunicação.

As tecnologias de informação e comunicação são percebidas de forma evidente nos programas educacionais de e-learning. Nos demais programas educacionais, as tecnologias são, em geral, envolvidas apenas como artefatos.

Nossa proposta de práticas de ensinar e aprender, entretanto, inclui as tecnologias também como ações e interações de ensinar e aprender, ou seja, como processos.

Muitos conceitos ganham evidência a partir dessas propostas. Aulas práticas de laboratório, ambientes virtuais de ensino e aprendizagem, redes sociais, grupos e comunidades de prática na Internet são apenas alguns dos exemplos de tecnologias de informação e comunicação percebidas com o apoio do conceito de práticas como circunstâncias sempre presentes.

A Figura 3.1 apresenta núcleos e categorias de programas educacionais propostos por Eboli (2004) para identificação em nosso navegador.

As rotas de navegação nessa proposta são múltiplas. Pode-se combinar programas de núcleos diferentes quando, por exemplo, se estabelece que os alunos conduzirão atividades de autodesenvolvimento e intercâmbio que serão analisadas e avaliadas em sala de aula, no decorrer dos programas estruturados.

Os programas de e-learning podem ser oferecidos para disciplinas gerais que representam fundamentos importantes para outras disciplinas ou atividades mais complexas.

Disciplinas optativas ou exclusivas para o autodesenvolvimento, sem o acompanhamento do professor, também poderiam ser exploradas na mesma linha.

As três rotas essenciais associadas aos núcleos também devem ser lembradas, mesmo que, na maior parte das situações, dificilmente aconteça dessa forma. Nesse sentido, temos a rota de programas estruturados, a rota de autodesenvolvimento e a rota de intercâmbio.

Programas educacionais estão sujeitos a circunstâncias e ao agir de professores e alunos. O que se pode prever é que sempre haverá grande diversidade nas possíveis combinações entre programas educacionais e práticas de ensinar e aprender com tecnologias de informação e comunicação, como as que estamos propondo.

FIGURA 3.1 Programas educacionais no navegador

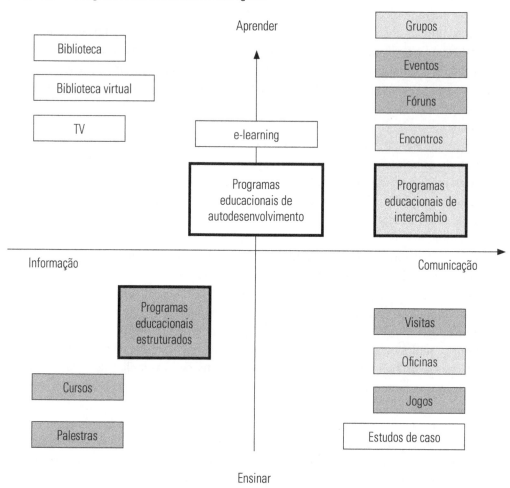

Entendemos que um modelo geral só é útil se abrir amplo espaço a contribuições e à criação do conhecimento a partir do agir de professores e alunos.

A proposta de modelo apresentada a seguir nos pareceu capaz de iniciar reflexões e abrir o campo a essas contribuições e à criação e produção de conhecimento.

Organizando as práticas

Como temos enfatizado, práticas são consideradas aqui circunstâncias sempre presentes. Entendemos que nossas práticas atendem a essa definição por conta da emergência da Internet, de acessos de linha rápida e sem fio em computadores e celulares e por muitos outros fatores como a ampla expansão de unidades de computadores e celulares.

Desafios aqui também não faltam e as boas práticas de estratégia recomendam dar grande atenção a contradições, paradoxos, dilemas, ambiguidades e conflitos novamente.

Celulares estão sendo proibidos em sala de aula. Estamos ajudando ou atrapalhando práticas como circunstâncias sempre presentes? Não é conveniente poder acessar um portal pessoal com textos de referência ou verificar a ocorrência de dado argumento em buscadores ao construir uma reflexão? Isso seria o mesmo que conversar sobre assuntos que não estão diretamente relacionados com o programa em andamento? Não seria a hora de chamar um intervalo para o café e deixar que os envolvidos relaxem um pouco em atividades que são sempre demandantes?

Na Figura 3.2 ilustramos as circunstâncias, estratégias, processos e recursos presentes nas práticas de utilização de bases de dados e informações, comunicação e interação e construção de conteúdo.

Da mesma forma que produzimos para os programas, as rotas essenciais nesse caso estariam exclusivamente associadas às práticas que estamos propondo: utili-

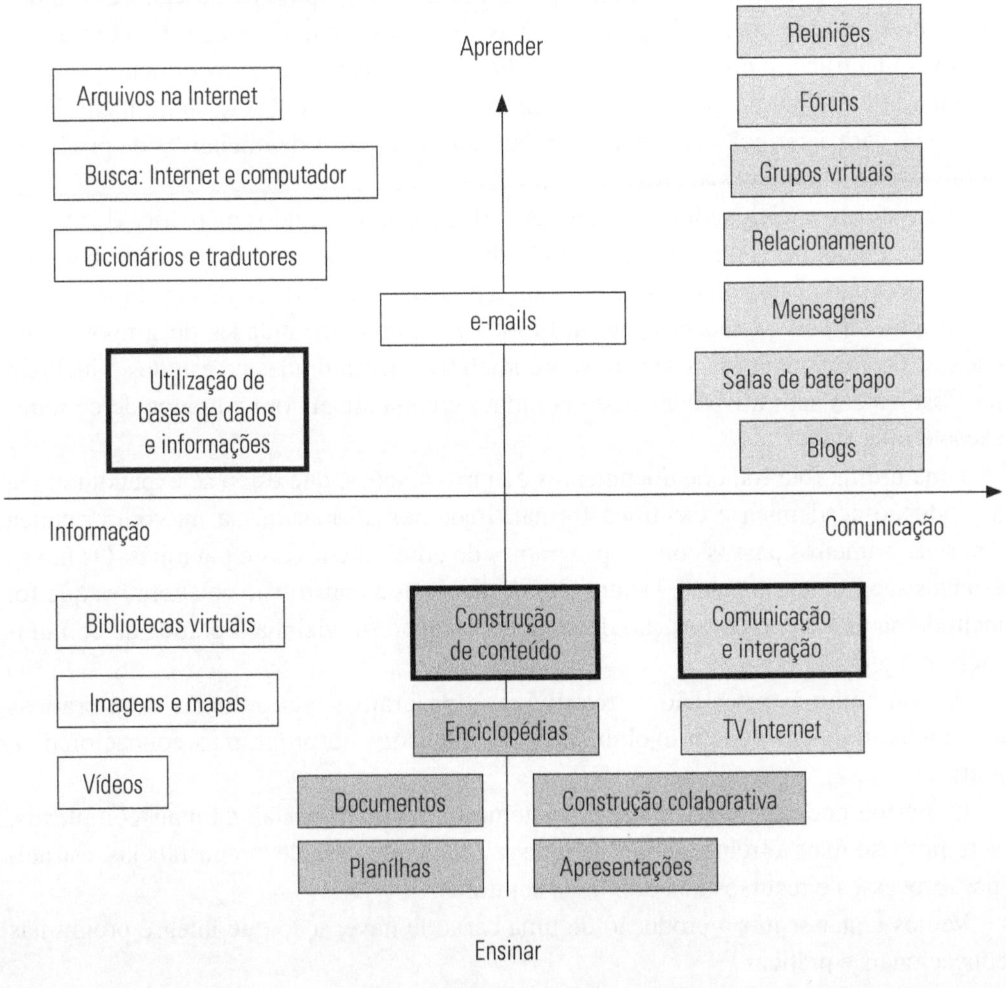

Figura 3.2   Práticas no navegador: circunstâncias, estratégias, processos e recursos

zação de bases de dados e informações, comunicação e interação e construção de conteúdo.

Essas rotas são hipotéticas e cumprem seu papel de categorizar circunstâncias, estratégias, processos e recursos. Entretanto, dificilmente ocorrerão nessa forma básica. O mais provável é que tenhamos combinações variadas de circunstâncias, estratégias, processos e recursos.

As pessoas desenvolvem preferências de acordo com sua cultura, linguagem, valores e espaços, e nesse caso também não será diferente.

Assim como em programas educacionais, em nossas práticas, temos a rota híbrida dos e-mails, que tanto podem estar associados à prática de utilização de bases de dados e informações como à prática de comunicação e interação.

Muitas outras rotas estão bastante presentes na educação. A busca na Internet e no computador é amplamente percebida nas atividades de professores e alunos. Afinal de contas, se o aluno já tem presença na Internet, é possível verificar sua atuação em redes sociais e por meio de eventuais publicações com o apoio de buscadores e o uso do nome como argumento de pesquisa. Nas situações em que existem homônimos, é possível identificar o nome e as palavras-chave que remetam aos investimentos em conhecimento produzidos pelo aluno. Abrimos espaço para a reflexão sobre identidades virtuais e para a correção de provas com buscadores a partir de iniciativas de produção públicas e em ambientes abertos!

Dicionários, enciclopédias e tradutores virtuais estão incluídos na prática de utilização de bases de dados e informações e são de grande ajuda na produção de trabalhos e textos, portanto aparecem como apoio para a prática de construção de conteúdo.

Grupos virtuais já são bastante utilizados para criar identidades de grupos como classes. Os mais maduros avançam sobre iniciativas estruturadas de estudos e incluem professores em suas atividades. Esse conjunto é compatível com a prática de comunicação e interação.

Uma última rota trata de documentos e apresentações, que estão se expandindo até a produção acadêmica e científica formal. Podemos afirmar que a microinformática deu seus primeiros passos com os programas de edição de textos e planilhas. Os novos avanços são impressionantes. Dentre eles destacamos a construção colaborativa que foi incluída na prática de construção de conteúdo e que está vizinha à prática de comunicação e interação.

Assim, como as rotas não se restringem a programas educacionais ou a práticas essenciais, também podem evoluir para combinações de programas educacionais e práticas.

O mesmo pode ser percebido para sistemas e organizações ainda mais complexos. Veremos isso mais à frente, depois de uma revisão cuidadosa de circunstâncias, estratégias, processos e recursos nos próximos capítulos.

Vamos tentar seguir a produção de uma carta de navegação que integre programas educacionais e práticas.

Organização em programas e práticas

Uma composição entre programas educacionais e práticas é apresentada na Figura 3.3.

Vamos começar com rotas conhecidas e que nos pareceram próximas: *e-mails* e *e-learning*.

Tanto a prática de trocar e-mails quanto o fenômeno do e-learning são fatos que se tornaram correntes a partir da tecnologia. Entendemos que ambos estão localizados mais próximos do aprender que do ensinar e, nesse sentido, estão mais distantes do agir de professores. Claro que professores colaboram em muitas das etapas que disponibilizam um programa de e-learning, e ainda, que usam intensivamente mensagens eletrônicas. Sua responsabilidade pela avaliação e certificação de desempenho dos alunos não abrange, em geral, essas alternativas.

FIGURA 3.3   Programas educacionais e práticas

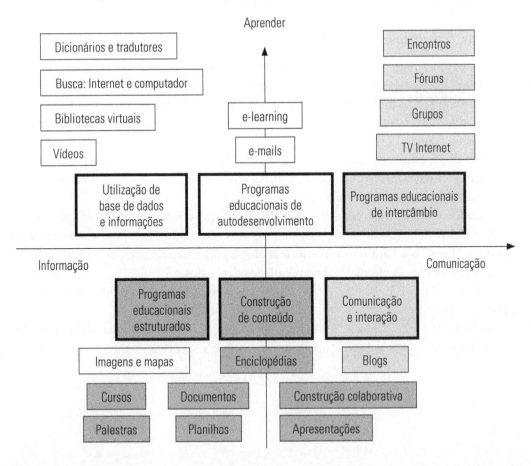

Outra rota possível envolve programas educacionais estruturados e blogs. Identificamos professores que entendem a oportunidade de publicação de um blog que integre planos educacionais, atividades e experiências de conhecimento, associados a disciplinas específicas ou a programas educacionais completos.

A produção acadêmica e científica pode envolver a consulta e o depósito de textos e monografias em bibliotecas virtuais. Essa possibilidade interfere substancialmente na qualidade de trabalhos.

Cursos podem ser conduzidos com o apoio de grupos virtuais, de iniciativa formal, dentro e fora de sistemas de gestão da aprendizagem. Existem casos em que vários grupos são criados e mantidos para finalidades distintas. Redes sociais físicas ou virtuais também podem ser integradas quando se deseja ampliar o alcance de iniciativas.

Um conjunto expressivo de rotas é possível quando combinamos programas educacionais e as práticas que estamos propondo.

Como já dissemos anteriormente, ainda mais rotas são possíveis quando interpretamos organizações e sistemas ainda mais complexos.

Práticas: circunstâncias, estratégias, processos e recursos

Vamos, antes disso, identificar muitas das alternativas relacionadas com circunstâncias, estratégias, processos e recursos que compõem nossas práticas.

Entendemos nossas práticas como circunstâncias sempre presentes. Entendemos que outras circunstâncias eventuais, dinâmicas, opcionais, inesperadas podem se manifestar como componentes das práticas que estamos propondo.

Além disso, como afirmam Lengnick-Hall e Wolff (1999), estratégias podem estar associadas a lógicas bastante diferentes. Processos, segundo a visão que adotamos, decorrem do agir de professores e alunos.

Reconhecemos que os recursos são totalmente variáveis de situação para situação.

A opção pela indicação de todas as alternativas nos próximos capítulos pressupõe a liberdade que temos para selecionar as tecnologias de informação e comunicação mais apropriadas às muitas alternativas de resultados desejados.

Uma primeira visão desses componentes foi oferecida neste capítulo. Na próxima parte, entraremos em detalhes sobre as várias alternativas.

Na Parte 3, voltaremos a analisar rotas mais complexas e a conversar sobre rotas da vivência real envolvendo professores, alunos e situações reais.

PARTE
2

Práticas de ensinar e aprender: casos e experimentos

Identificamos na primeira parte deste livro três práticas que estão sempre presentes nos processos de ensinar e aprender com tecnologias de informação e comunicação: *utilização de bases de dados e informações, comunicação e interação* e *construção de conteúdo*.

Nos próximos capítulos, trataremos dos recursos tecnológicos que auxiliam nos processos de ensinar e aprender. Os recursos que vamos estudar serão apresentados em conjunto com estratégias e processos dos quais professores e alunos são parte integrante.

Optamos por fornecer, junto com as circunstâncias identificadas em cada uma das práticas, relatos de experimentos. Os casos de aplicação descritos em cada componente oferecem exemplos de utilização prática em sala de aula ou em atividades extraclasse, que podem ser complementados e adaptados para as necessidades de cada professor em sua área de atuação.

Alguns experimentos são também rotas de navegação. Isso acontece quando mais de um componente é integrado no mesmo caso, ou seja, quando temos um experimento mais complexo, que exige mais dedicação na integração.

4 Utilização de bases de dados e informações

A Internet possui muitos recursos para armazenagem de arquivos e conteúdo. Os professores podem aproveitar esses recursos para ensinar e aprender. Definiremos cada um desses recursos sucintamente e apresentaremos casos na prática, com exemplos de como desenvolver processos, com base em experimentos, e estratégias para utilização dos recursos a partir da sala de aula. Muitos desses recursos são gratuitos ou parcialmente gratuitos, e é para eles que estamos dando preferência.

O navegador que apresentamos na Parte 1 será visualizado antes da apresentação de cada caso na prática. Em todos os casos serão trabalhadas as dimensões *aprender com informação* ou *ensinar e aprender com informação*, conforme exemplificado nos dois diagramas da Figura 4.1.

Neste capítulo, apresentaremos um conjunto de práticas que utilizam bases de dados e informações e que podem ser utilizadas no processo de ensinar e aprender, baseadas nos seguintes recursos:

- Bases de e-mails
- Bases de busca na Internet
- Bases de busca em seu computador
- Bases de imagens e mapas
- Bases de vídeos
- Recursos para armazenagem de arquivos na Internet
- Dicionários e tradutores virtuais
- Bibliotecas virtuais

FIGURA 4.1 Utilizando o navegador — *Aprender com informação* ou *ensinar e aprender com informação*

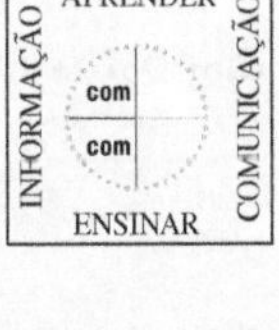

Bases de e-mails

Existem recursos que armazenam as mensagens eletrônicas (e-mails) no próprio computador e recursos virtuais, que denominamos bases de e-mails. As bases de e-mails são ambientes virtuais que armazenam mensagens eletrônicas em servidores. Esse serviço pode ser gratuito ou pago. Há bases de e-mails gratuitas bastante populares; as mais conhecidas são:

- Gmail: disponível em <www.gmail.com>;
- Hotmail: disponível em <www.hotmail.com>;
- Yahoo! Mail: disponível em <www.yahoo.com.br>.

Essas bases armazenam e-mails (o limite de capacidade pode variar de servidor para servidor), criam pastas personalizadas para gerenciar as mensagens, gravam endereços que são utilizados com mais frequência e prestam outros serviços ao usuário.

No ato da inscrição, é possível escolher uma conta de e-mail. É interessante criar um nome que seja identificado facilmente. Deve-se usar nomes e sobrenomes que facilitem a identificação.

Bases de busca na Internet

Essas bases são servidores normalmente utilizados para buscar informações na Internet. Uma das mais antigas data de 1995 e se chama Altavista. Desde sua criação, despontaram nesse disputado mercado de busca gratuita de informações vários outros servidores, como o Yahoo!, o MSN e o Google.

Para essas bases foram criados softwares denominados robôs inteligentes, que fazem buscas nas páginas mais acessadas da Internet. Esses robôs indexam todo o material que há na Internet e são programados para apresentar um *ranking* com o material que foi pesquisado.

Além do recurso tradicional de busca Google <www.google.com.br>, existe o Google Acadêmico, que indexa artigos e bases científicas. Para fins acadêmicos e educacionais, esse mecanismo de pesquisa pode ser bastante interessante.

NA PRÁTICA

Realizando boas buscas e encontrando bons resultados

Realizar buscas na Internet e encontrar bons resultados é uma tarefa que exige atenção. Ilustraremos algumas situações utilizando como base os recursos do Google e do Google Acadêmico.

Em março de 2009, fizemos alguns experimentos com os termos *estratégia, ensinar e aprender*, dispostos isoladamente.

1º Experimento

Colocando as palavras isoladamente, o resultado aparece conforme a Figura 4.2.

FIGURA 4.2 Busca por palavras isoladas no Google

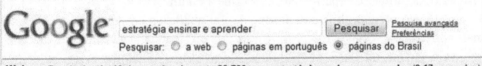

Provavelmente existem muitos resultados que devem interessar entre os 89.700 indicados nessa primeira busca. Mas é possível refinar a pesquisa para encontrar melhores resultados.

2º Experimento

Colocando a expressão *ensinar e aprender* entre aspas, temos o resultado mostrado na Figura 4.3.

A quantidade de resultados foi reduzida em oitenta por cento. Mas entendemos que a quantidade de sites apresentada ainda é muito extensa para pesquisar.

3º Experimento

Realizamos uma pesquisa avançada, selecionando o idioma português, em qualquer região, buscando apenas arquivos em formato Adobe Acrobat PDF, publicados no último ano de realização do experimento e que contivessem a expressão *ensinar e aprender*, conforme Figura 4.4.

FIGURA 4.3 Busca por expressão no Google

FIGURA 4.4 Pesquisa avançada no Google

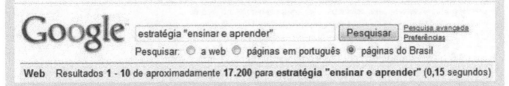

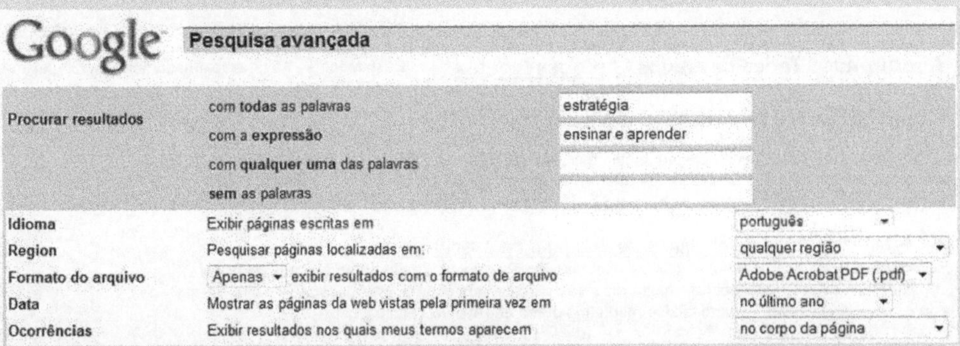

O resultado foram 660 páginas, representando uma redução de 99,3 por cento dos resultados do primeiro experimento, conforme a Figura 4.5.

Note que o primeiro link é de Portugal e foi publicado em setembro de 2008. É mais antigo que o segundo link; isto se deve a fatores que influenciam a classificação que o Google faz, um deles é a quantidade de acessos ao documento.

4º Experimento

O Google disponibiliza um recurso (Google Acadêmico Beta), ainda em fase experimental, que indexa trabalhos acadêmicos. Pode ser acessado através do endereço <scholar.google.com.br>. Os *rankings* mudam, e o refinamento é maior. Repetimos o segundo experimento, colocando a expressão *ensinar e aprender* entre aspas, e obtivemos o resultado expresso na Figura 4.6.

FIGURA 4.5 Resultados da pesquisa avançada

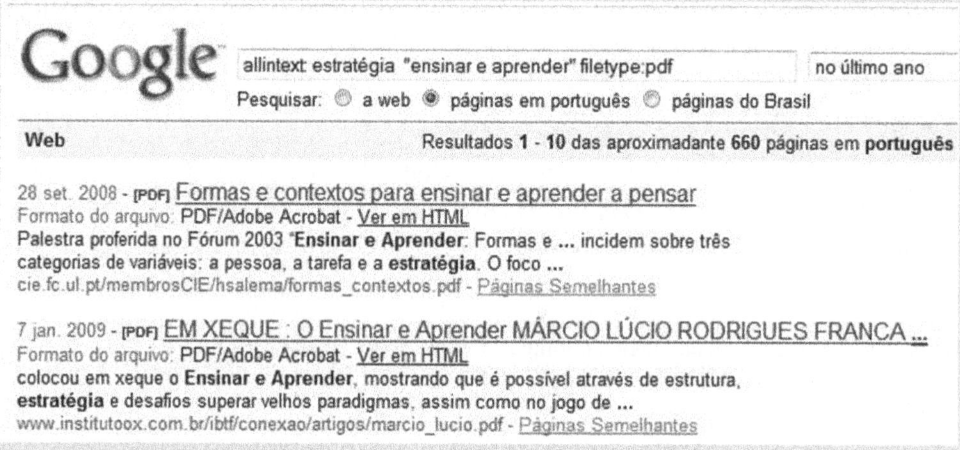

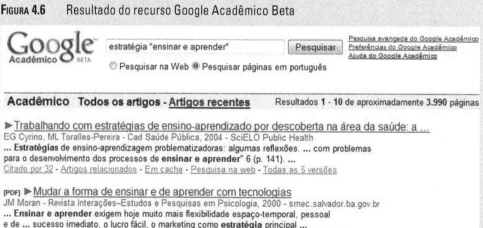

FIGURA 4.6 Resultado do recurso Google Acadêmico Beta

Note que 3.990 resultados form encontrados, contra 17.200 do segundo experimento (77 por cento de redução). Além disso, há a informação de quantos trabalhos citaram essa expressão e quais os artigos estão relacionados a ela. O primeiro trabalho foi citado por 32 outros trabalhos.

5º Experimento

O refinamento do Google Acadêmico é diferente do refinamento do Google Clássico realizado no 3º experimento. Fizemos apenas um refinamento no último ano (entre 2008 e 2009), como mostramos na Figura 4.7.

A busca trouxe 107 páginas, contra 660 do 3º experimento (84 por cento de redução).

Conclusão

A quantidade de informações na Internet é muito grande, o que torna um imenso desafio encontrar algo que seja interessante, relevante e de boa qualidade. Nesses cinco experimentos, observamos que se pode refinar e encontrar bons resultados por meio de recursos de busca tradicionais. Entretanto, o passo seguinte é identificar se os resultados realmente interessam. Para isso é fundamental que as palavras utilizadas na busca estejam realmente associadas a seu interesse. Se for o caso, acrescente termos e expressões para haver um refinamento maior.

Experimente também!

- Identifique um tema de seu interesse e realize buscas nos dois buscadores indicados. Faça uma comparação e os refinamentos por meio da busca avançada.
- Acrescente outros termos ou expressões entre aspas para obter um refinamento maior.

FIGURA 4.7   Pesquisa no Google Acadêmico Beta com refinamento

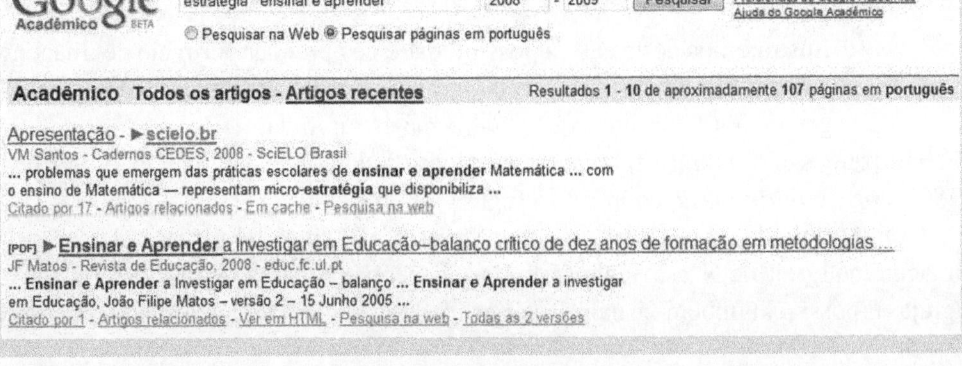

> • Verifique o quanto foi relevante o resultado de suas pesquisas e compartilhe na comunidade no site de nosso livro (www.prenhall.com/camara_br).

Bases de busca em seu computador

Alguns mecanismos de busca são disponibilizados por meio de softwares para indexar os documentos internos dos computadores pessoais. Exemplo disso é o Google Desktop, disponível em: <www.desktop.google.com.br>. Ao ser instalado no computador, ele busca todos os documentos, inclusive e-mails, e faz uma indexação.

Mecanismos como esse podem auxiliar na identificação de dados e informações para preparação de aulas, ao proporcionar melhor velocidade no acesso aos arquivos e documentos pessoais.

Bases de imagens e mapas

A utilização de imagens e mapas na preparação ou construção de conteúdo está cada vez mais valorizada. O dito popular continua valendo. Afinal, uma imagem vale mais que mil palavras.

É possível encontrar imagens e mapas na Internet que podem ser utilizados gratuitamente ou que podem ser utilizados como referência, preservando os direitos autorais de quem os produziu.

Dois bons exemplos de servidores de imagens são o Flickr e o Picasa. Além de fonte de imagens, esses servidores possuem diversas outras funcionalidades, podendo servir como fonte de pesquisas. Eles podem ajudar a pesquisar, editar, organizar e compartilhar fotos pessoais e públicas.

Em relação aos mapas, um recurso a destacar é o Google Maps. Através dele é possível encontrar mapas, desenhar e armazenar rotas, entre outras funcionalidades. Há também o Google Earth, que permite visitar locais no planeta e até constelações no espaço.

Passeando pela história na época da Corte portuguesa no Brasil

Ilustraremos neste caso a possibilidade de aprender por meio de imagens e textos explicativos de forma interativa, mais pela curiosidade de navegação, por hiperlinks, que pela forma estruturada.

Utilizamos o Flickr (disponível em <www.flickr.com>), digitando os termos *1808*, *corte* e *portuguesa*, conforme a Figura 4.8.

Como resultado da pesquisa, tivemos acesso a 173 sites. Boa parte deles mostra imagens da Igreja de Nossa Senhora do Carmo e comenta fatos sobre a história dessa igreja. É possível também visualizar várias imagens do Rio de Janeiro antigo, como

Utilização de bases de dados e informações   37

FIGURA 4.8   Pesquisa usando termos isolados

o cemitério São João Batista, a enseada de Botafogo, a Biblioteca Nacional, o Jardim Botânico, a Rua Humaitá, bem como o dormitório de Carlota Joaquina, entre outras imagens.

Ao navegar pelas imagens, é possível ler comentários e aprender um pouco sobre os acontecimentos desse período que marcou a história do Brasil.

Conclusão

A partir de bases de imagens, é possível estimular o aprendizado de eventos históricos e visualizar lugares. Neste caso, fizemos uma navegação pouco estruturada e visualizamos em pouco tempo vários lugares do Rio de Janeiro, fazendo um pequeno recorte histórico da Corte portuguesa no Brasil.

Experimente também!

- Identifique um tema de seu interesse e realize uma busca no Flickr. Veja como poderá utilizá-lo nas estratégias de ensinar e aprender.
- Verifique o quanto foi relevante o resultado de suas pesquisas e compartilhe na comunidade no site de nosso livro (www.prenhall.com/camara_br).

Explorando a geografia utilizando o Google Earth e o Google Maps

Para quem gosta de conhecer outros lugares e visualizar mapas, o Google vem revolucionando o estudo da geografia.

Utilizando slogans como "Explore o mundo do seu computador" e as "Informações geográficas do mundo na ponta dos dedos", o Google possibilita explorar, pesquisar e descobrir lugares do mundo inteiro, além de visualizar mapas.

1º Experimento

Acessando o Google e escolhendo a opção *mais*, podemos chegar ao Google Earth (disponível em <www.earth.google.com>). É preciso instalar o programa no computador.

Ao acessar o globo terrestre, a navegação é realizada pelo mouse. Clicando nos botões do mouse, podemos nos aproximar de qualquer lugar, com imagens mapeadas por satélite. Podemos visitar lugares do Brasil e do mundo, visualizar monumentos como as pirâmides do Egito ou cidades como Veneza, na Itália, conforme mostramos na Figura 4.9.

As imagens fornecidas pelo programa Google Earth possuem boa nitidez e permitem identificar muitos lugares. Há possibilidade de visualizar fotos com textos explicativos. Trata-se de uma boa opção para conhecer o mundo sem sair de casa.

2º Experimento

Pretendemos ir a Brasília e visitar o Congresso Nacional. O recurso de mapas do Google (disponível em <www.maps.google.com>) permite que a localidade seja mostrada, conforme visualizado na Figura 4.10.

Há a possibilidade de traçarmos um roteiro. Por exemplo, saindo da estação rodoviária, como fazer para chegar ao Congresso Nacional? A Figura 4.11 mostra como fazer passo a passo.

Todo o trajeto, com a distância e o tempo aproximado, é calculado pelo recurso do Google Maps.

FIGURA 4.9   Imagem da cidade de Veneza, Itália, visualizada pelo Google Earth

FIGURA 4.10 Mapa de acesso ao Congresso Nacional, em Brasília (DF)

FIGURA 4.11 Rota de carro da estação rodoviária ao Congresso Nacional

Conclusão

Esse experimento mostra como é possível utilizar as tecnologias da Internet para aprender com mapas, imagens e localidades no mundo inteiro.

Ao navegar pelos recursos, podemos viajar e conhecer praticamente todos os lugares, desde o formato de monumentos até detalhes de ruas e rotas de acesso.

Experimente também!

- Identifique uma cidade de seu interesse e navegue pelo Google Earth e Google Maps. Veja como você poderá utilizá-los nas estratégias de ensinar e aprender.
- Verifique o quanto foi relevante o resultado de suas pesquisas e compartilhe-o na comunidade no site de nosso livro (www.prenhall.com/camara_br).

Bases de vídeos

Da mesma forma que imagens e mapas auxiliam no processo de ensinar e aprender, os vídeos também podem facilitar bastante esse processo, contextualizando situações de modo prático e dinâmico.

Os vídeos são capazes de expressar aspectos culturais, como linguagem, valores e espaços de forma variada e atraente, aproximando conteúdos do universo dos alunos. De modo bem direcionado e trabalhado, os vídeos podem acelerar o processo de ensinar e aprender.

O YouTube (disponível em <www.youtube.com>) é um repositório gratuito de vídeos. Ao criar uma conta, o usuário pode buscar vídeos por assunto e por temas, além de postar e compartilhar vídeos em comunidades, entre outras funcionalidades.

Ensinando e aprendendo sobre alimentação saudável por meio de vídeos

Os vídeos na Internet são elaborados tanto por pessoas comuns quanto por especialistas. Podem ser vídeos caseiros, matérias jornalísticas ou de elaboração específica para promover determinado assunto ou tema.

Este caso ilustra uma forma de utilizar vídeos para ensinar e aprender sobre alimentação saudável. Trabalhar com temas complexos como esse requer ouvir opiniões, filtrar informações e fontes. Fizemos uma busca no YouTube para verificar como é tratado esse tema, como mostraremos na Figura 4.12.

Tivemos 822 resultados na pesquisa que traz vários vídeos sobre o tema, matérias e reportagens de televisão, bem como vídeos específicos, como o Professor Cenoura, conforme mostra a Figura 4.13.

FIGURA 4.12   Resultados do YouTube para a pesquisa *alimentação saudável*

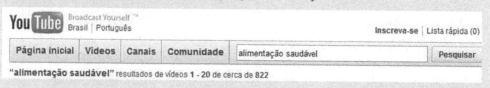

Esse vídeo teve mais de 49 mil acessos e suscitou comentários controversos em relação ao próprio conteúdo, o que não pode deixar de ocorrer visto que o tema é bastante polêmico.

Conclusão

Vídeos como esse podem ser utilizados para ensinar e aprender. As discussões e interações na comunidade do YouTube, por exemplo, devem ser trazidas para o contexto educacional. Esse recurso proporciona entender diferentes visões sobre um mesmo tema, e também provoca debates e discussões que permitem chegar a conclusões em grupo.

Experimente também!

- Identifique um tema de seu interesse e navegue pelo YouTube.
- Identifique formas de utilizá-lo nas estratégias de ensinar e aprender.
- Verifique o quanto foi relevante o resultado de suas pesquisas e compartilhe na comunidade no site de nosso livro (www.prenhall.com/camara_br).

FIGURA 4.13   Vídeo Professor Cenoura — Resultado da busca sobre alimentação saudável

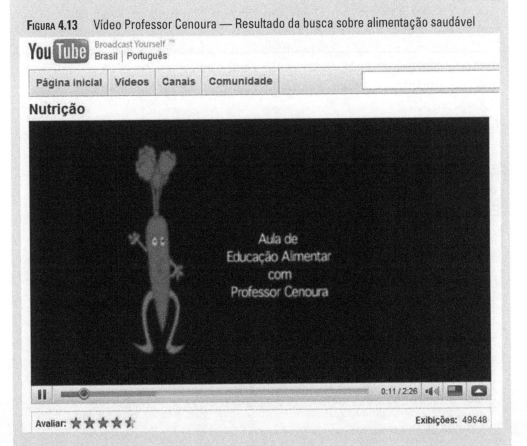

NA PRÁTICA

Ensinando e aprendendo história por meio de vídeos

Ensinar e aprender história também podem ser facilitados pelos vídeos.

1º Experimento

Realizamos uma busca no YouTube sobre a Segunda Guerra Mundial, conforme Figura 4.14.

Tivemos como resultado mais de 4 mil vídeos relacionados ao tema, muitos mostrando detalhes da atuação da Força Expedicionária Brasileira (FEB), de combates aéreos, de invasões da força nazista, de discursos do próprio Hitler ou, ainda, de cenas de lançamento de bombas atômicas sobre Hiroshima e Nagasaki.

2º Experimento

Realizamos uma busca no YouTube sobre os eventos ocorridos em 11 de setembro de 2001, conforme Figura 4.15.

Encontramos mais de 1.500 resultados. Entre eles estavam vídeos com a queda das torres gêmeas (os edifícios do World Trade Center), em Nova York, e inúmeras matérias jornalísticas sobre o acontecimento.

Conclusão

Como no caso anterior, os vídeos são recursos que devem ser discutidos em grupo, filtrados e avaliados, promovendo entendimento comum.

Experimente também!

- Identifique um tema histórico de seu interesse e navegue pelo YouTube.
- Veja como você poderá utilizá-lo nas estratégias de ensinar e aprender.
- Verifique o quanto foi relevante o resultado de suas pesquisas e compartilhe na comunidade no site de nosso livro. (www.prenhall.com/camara_br)

FIGURA 4.14 Resultado da pesquisa sobre a Segunda Guerra Mundial

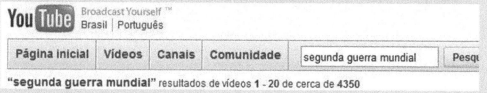

FIGURA 4.15   Resultado da pesquisa sobre o 11 de setembro

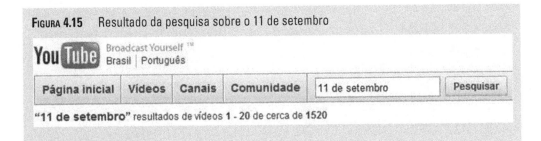

 Ensinando e aprendendo a respeito de temas emergentes por meio de vídeos

Há vários temas emergentes que podem ser trabalhados em sala de aula. Escolhemos três temas e verificamos que há diferentes visões no YouTube que podem ser exploradas e discutidas com os alunos após as pesquisas.

1º Experimento

Realizamos uma busca no YouTube sobre desenvolvimento sustentável, conforme Figura 4.16.

Esse tema possui vários tratamentos e visões. Encontramos trabalhos escolares, mas também vídeos interessantes e bem produzidos por pessoas independentes, instituições científicas e organizações não governamentais (ONGs).

Alguns vídeos são mais genéricos e outros abordam regiões mais específicas como Amazônia e Mata Atlântica.

2º Experimento

Realizamos uma busca no YouTube sobre energias renováveis, conforme Figura 4.17.

Existem várias tecnologias para produção de energias renováveis, algumas já em prática e sendo barateadas, como a energia solar e a energia eólica (baseada em vento), e outras em desenvolvimento, como a produção de energia a partir de ondas do mar.

FIGURA 4.16   Resultado de busca com a expressão *desenvolvimento sustentável*

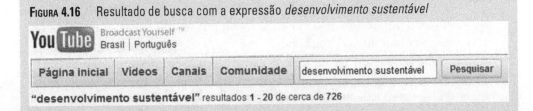

Figura 4.17 Resultado de busca com a expressão *energias renováveis*

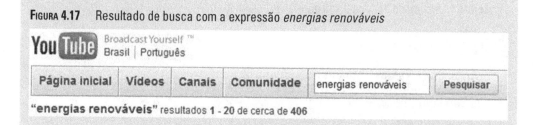

Dentre os resultados, destacamos vídeos escolares bem produzidos, apresentação de várias tecnologias emergentes de produção de energia com explicação de funcionamento e vídeos institucionais.

3º Experimento

Realizamos uma busca no YouTube sobre efeito estufa, conforme Figura 4.18.

O derretimento das calotas polares, com consequente aumento do nível do mar e o aquecimento global, são alguns dos resultados atribuídos ao efeito estufa.

Os resultados dessa pesquisa também trazem vídeos provenientes de trabalhos escolares e de organizações não governamentais (ONGs). Diferentes visões podem ser trabalhadas em sala de aula.

Conclusão

É possível utilizar vídeos como subsídio para a discussão de temas emergentes como apresentados nos experimentos. Alguns trazem visões amplas e bem fundamentadas, enquanto outros trazem apenas informações superficiais ou trabalhos escolares mais ligeiros. Há vídeos de organizações renomadas e outros de empresas que divulgam ações relacionadas a essas questões.

Entendemos que o professor pode abordar o tema, explorar as pesquisas e provocar a discussão em sala a partir das diferentes visões.

Experimente também!

- Que temas emergentes você desejaria trabalhar em sala de aula? Faça uma pesquisa e verifique as melhores palavras-chave.
- Verifique a possibilidade de instigar os alunos a produzirem trabalhos com vídeos e colocá-los no YouTube.
- Verifique o quanto foi relevante o resultado de suas pesquisas e compartilhe esses resultados na comunidade no site de nosso livro. Disponível em <www.prenhall.com/camara_br>.

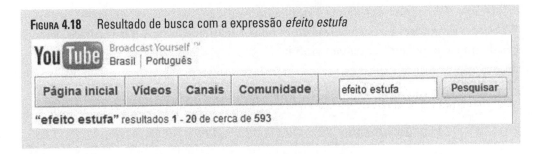

FIGURA 4.18   Resultado de busca com a expressão *efeito estufa*

Recursos para armazenagem de arquivos na Internet

Pode-se armazenar arquivos de qualquer tipo na Internet e compartilhá-los com facilidade.

Enviar arquivos por e-mail aumenta o tamanho da mensagem, por uma característica própria de funcionamento do mecanismo do correio eletrônico. Nem sempre o destinatário deseja receber todos os arquivos ou possui espaço na caixa de entrada para recebimento do volume e tamanho dos arquivos enviados. Por esse motivo, é de grande utilidade usar essas ferramentas para armazenar e compartilhar arquivos.

Há diversas formas de realizar esse armazenamento. Podemos utilizar contas de e-mails gratuitas (como explicamos anteriormente na seção "bases de e-mails"), portais pagos (como UOL, IG, Terra), grupos virtuais (que descreveremos no próximo capítulo), ou servidores criados especialmente para essa finalidade. São exemplos de servidores criados para armazenar arquivos:

- MandaMais: disponível em <www.mandamais.com.br>;
- Megaupload: disponível em <www.megaupload.com>;
- Rapidshare: disponível em <www.rapidshare.com>.

É importante considerar que ferramentas de armazenamento tornam os arquivos disponíveis no momento em que os interessados desejarem acessá-los.

Dicionários e tradutores virtuais

Ao trabalharmos com bases de dados e informações, frequentemente nos deparamos com questões que envolvem problemas linguísticos.

Os dicionários permitem entender o significado das palavras e locuções e informam sobre sinônimos, antônimos, ortografia, pronúncia, classe gramatical e etimologia. A Internet dá acesso aos principais dicionários em língua portuguesa, como Aurélio, Houaiss e Michaelis. Os dicionários podem exigir, às vezes, cadastros em servidores pagos como IG e UOL, por exemplo. A Academia Brasileira de Letras disponibiliza gratuitamente o Vocabulário Ortográfico da Língua Portuguesa (Volp), que permite visualizar a ortografia vigente de todas as palavras do português (disponível no site <www.academia.org.br>).

Alguns dicionários em língua estrangeira estão acessíveis gratuitamente, como o Websters (disponível em <www.websters-online-dictionary.org>). Os recursos e serviços de tradução podem ser ou não gratuitos.

Traduzindo textos utilizando recursos da Internet

1º Experimento

Faremos a tradução de um texto do português para o inglês utilizando os recursos do Free Translation (disponível em <www.freetranslation.com>), conforme a Figura 4.19.

Traduzimos o mesmo texto com a ferramenta de tradução do Google. Veja o resultado na Figura 4.20.

Note que o Free Translation traduziu professores por *professors* e o Google fez essa tradução para *teachers*, o que nos parece mais adequado.

2º Experimento

Faremos a tradução do inglês para o português de um texto do site Pearson Education, utilizando recursos do Free Translation, conforme a Figura 4.21.

Traduzimos o texto novamente com a ferramenta de idiomas do Google Tradutor. Veja o resultado na Figura 4.22.

É importante observar que, para pessoas que falam português como língua materna, um primeiro objetivo seria a compreensão do texto. Apenas em uma segunda

FIGURA 4.19   Texto traduzido pelo recurso FreeTranslation

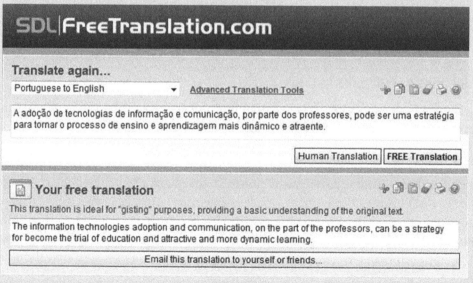

etapa o objetivo seria uma tradução literal. Podemos perceber o conteúdo do texto em linhas gerais, em ambos os casos. O texto traduzido pelo recurso Google Tradutor se aproxima mais da tradução literal.

Figura 4.20   Texto traduzido pelo recurso Google Tradutor

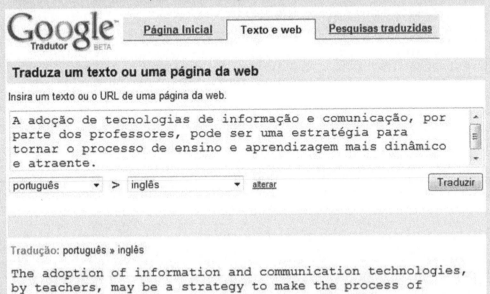

Figura 4.21   Texto traduzido pelo recurso FreeTranslation, do inglês para o português

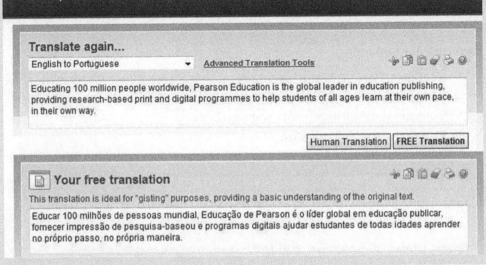

Figura 4.22 Texto traduzido pelo recurso Google Tradutor, do inglês para o português

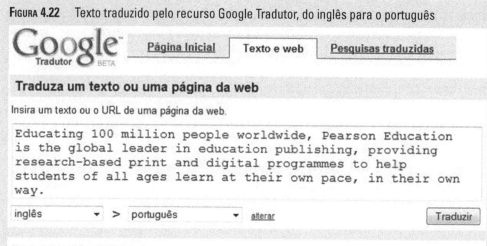

Conclusão

As ferramentas de tradução abrem espaço para a comparação e o confronto com o vocabulário de línguas diferentes. Permitem o primeiro contato com o conteúdo de textos, porém não fornecem a tradução literal de textos, nem garantem tradução de qualidade.

O recurso do Free Translation oferece opção de um serviço de tradução pago. Nesse caso a tradução é feita por um especialista.

Experimente também!

- Verifique frases ou textos para tradução e teste em ambos os recursos (Free Translation e Google Tradutor).
- Compare os resultados, verificando as diferenças.
- Identifique a melhor solução para as traduções.
- Verifique o quanto foi relevante o resultado de suas pesquisas e compartilhe na comunidade no site de nosso livro (www.prenhall.com/camara_br).

Utilização de bases de dados e informações   49

Entendendo palavras em inglês que não possuem tradução direta

Há palavras na língua inglesa que não possuem tradução direta para o português. Para entendermos seu significado, vamos utilizar conjuntamente duas ferramentas da Internet: um dicionário inglês-inglês e um tradutor do inglês para o português.

Tomaremos, para nossos experimentos, duas palavras bastante utilizadas nas áreas de administração e economia: *capability* e *trade-off*.

1º Experimento

Pesquisaremos o sentido da palavra *capability* utilizando o dicionário Websters, conforme Figura 4.23. O dicionário traz três definições, que traduziremos utilizando a ferramenta Free Translation, como mostra a Figura 4.24.

A seguir faremos a tradução utilizando o Google Tradutor, como mostra a Figura 4.25.

É possível observar que, trabalhando com conceitos básicos, as traduções são praticamente equivalentes.

2º Experimento

Buscaremos a definição da palavra *trade-off* no dicionário Websters, conforme Figura 4.26.

O dicionário traz uma definição que traduziremos no Free Translation, como mostra a Figura 4.27.

FIGURA 4.23   Definições da palavra *capability* no dicionário Websters

Figura 4.24 Definições de *capability* traduzidas pelo FreeTranslation

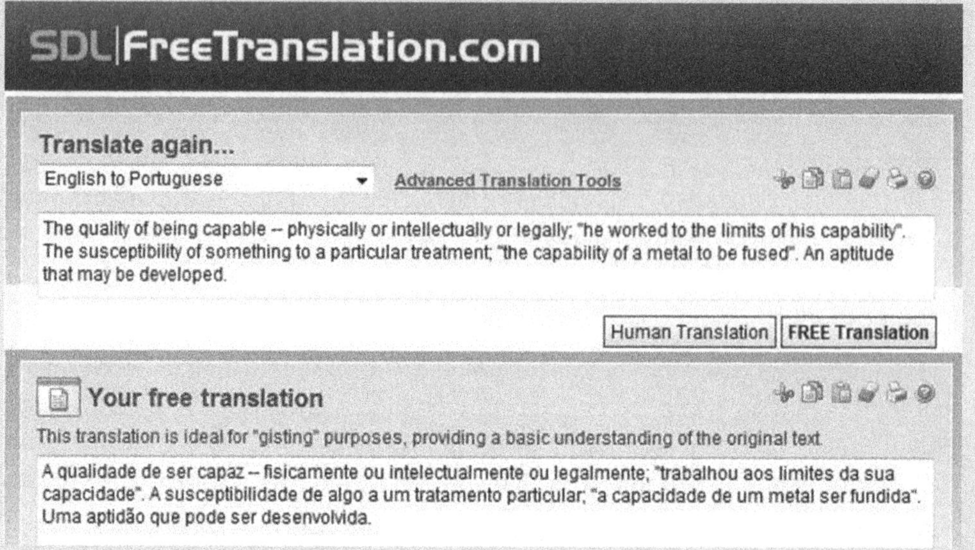

Figura 4.25 Definições de *capability* traduzidas pelo Google Tradutor

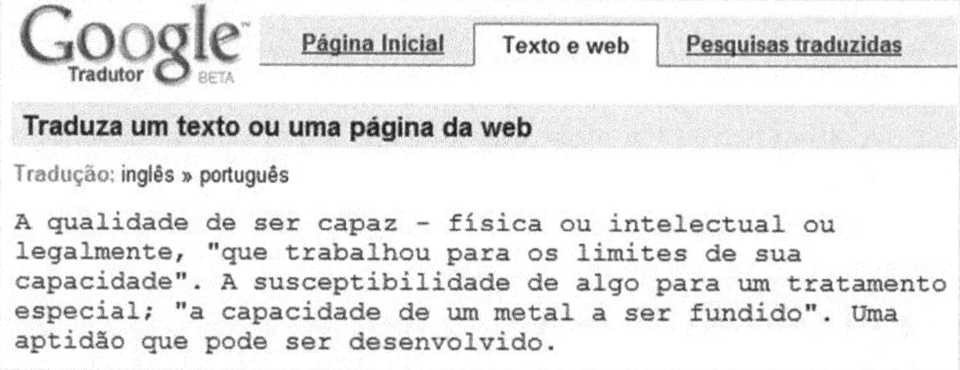

A seguir faremos a tradução da mesma palavra utilizando o recurso do Google Tradutor, como mostra a Figura 4.28.

Neste caso, as traduções apenas fornecem um sentido aproximado do termo que queremos entender. Em casos como este, é interessante recorrer a fontes adicionais de consulta, como dicionários especializados e enciclopédias. Não se devem desconsiderar as vantagens de uma consulta aos recursos de uma enciclopédia aberta como a Wikipédia, que será o objeto de caso no Capítulo 6.

Utilização de bases de dados e informações 51

FIGURA 4.26   Definição de *trade-off* no dicionário Websters

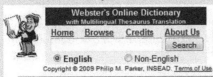

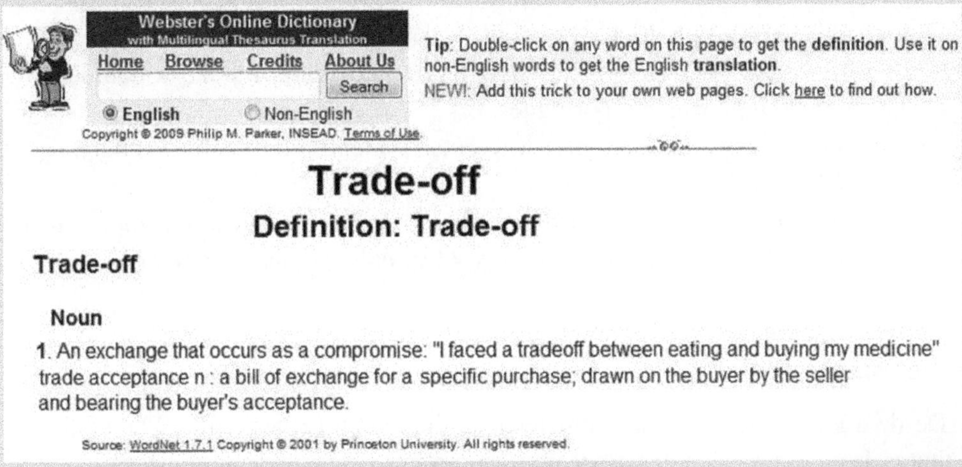

Trade-off

Definition: Trade-off

Trade-off

Noun

1. An exchange that occurs as a compromise: "I faced a tradeoff between eating and buying my medicine" trade acceptance n : a bill of exchange for a specific purchase; drawn on the buyer by the seller and bearing the buyer's acceptance.

Source: WordNet 1.7.1 Copyright © 2001 by Princeton University. All rights reserved.

FIGURA 4.27   Definição de *trade-off* traduzida pelo FreeTranslation

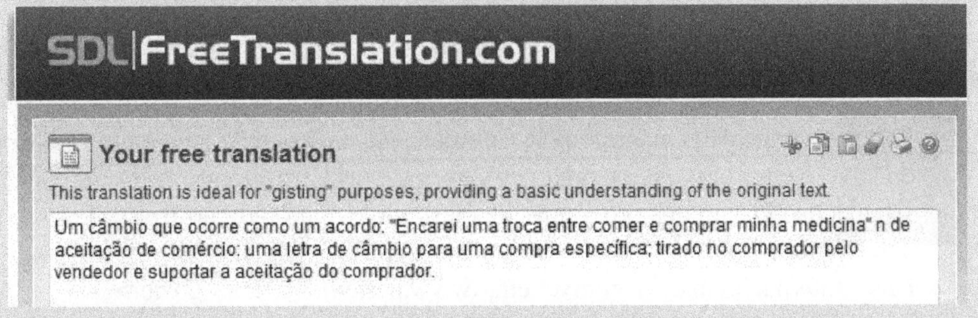

SDL FreeTranslation.com

Your free translation

This translation is ideal for "gisting" purposes, providing a basic understanding of the original text.

Um câmbio que ocorre como um acordo: "Encarei uma troca entre comer e comprar minha medicina" n de aceitação de comércio: uma letra de câmbio para uma compra específica; tirado no comprador pelo vendedor e suportar a aceitação do comprador.

FIGURA 4.28   Definição de *trade-off* traduzida pelo Google Tradutor

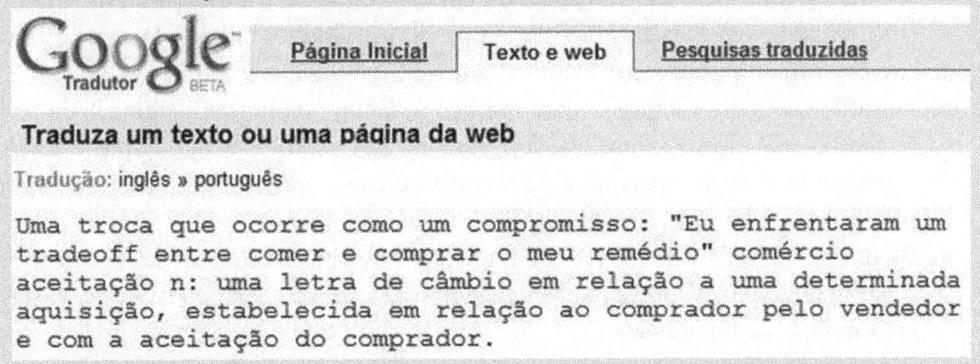

   Página Inicial | Texto e web | Pesquisas traduzidas

Traduza um texto ou uma página da web

Tradução: inglês » português

Uma troca que ocorre como um compromisso: "Eu enfrentaram um tradeoff entre comer e comprar o meu remédio" comércio aceitação n: uma letra de câmbio em relação a uma determinada aquisição, estabelecida em relação ao comprador pelo vendedor e com a aceitação do comprador.

Conclusão

   Entender palavras em inglês sem tradução direta implica ações de maior complexidade. A compreensão pode ser cada vez mais aprimorada a partir da utilização dos diversos recursos combinados: dicionários, tradutores e enciclopédias virtuais.

Experimente também!

- Escolha palavras em inglês e consulte seu significado no dicionário Websters.
- Utilize o Free Translation e o Google Tradutor para traduzir a definição da palavra do inglês para o português.
- Compare os resultados, veja as diferenças e identifique a melhor solução para as traduções.
- Verifique o quanto foi relevante o resultado de suas pesquisas e compartilhe na comunidade no site de nosso livro (www.prenhall.com/camara_br).

Bibliotecas virtuais

Desde o início das operações comerciais da Internet no Brasil, em 1995, bibliotecas, institutos de pesquisa e editoras avançaram bastante no conceito de virtualização.

Destacaremos, neste livro, três tipos de biblioteca: as *bibliotecas de interesse público*, as *científico-acadêmicas* e as *universitárias*.

As bibliotecas de interesse público são mantidas por órgãos governamentais ou empresas do terceiro setor. Eis alguns exemplos de bibliotecas de referência, de domínio público:

- Portal Periódicos: É mantido pela Coordenação de Aperfeiçoamento de Pessoal de Nível Superior (Capes), órgão do governo brasileiro responsável pela expansão e consolidação dos programas de mestrado e doutorado no Brasil. Por meio desse portal, é possível ter acesso a artigos em bases de dados e revistas nacionais e internacionais. Disponível em <www.periodicos.capes.gov.br>.
- Portal Domínio Público: Promove acesso a obras literárias, artísticas e científicas brasileiras que já estão autorizadas para divulgação pública, ampla e irrestrita. Pode-se ter acesso, por exemplo, à de Machado de Assis. Disponível em <www.dominiopublico.gov.br>.
- Scientif Electronic Library Online (SciELO): É uma biblioteca desenvolvida pela Fundação de Amparo à Pesquisa do Estado de São Paulo (Fapesp). Fornece acesso a artigos de diversas áreas do conhecimento e congrega diversos países de língua portuguesa e espanhola. Disponível em <www.scielo.org>.
- Biblioteca Virtual em Saúde (BVS): É uma referência na área da saúde, associada ao Centro Latino-Americano e do Caribe de Informação em Ciências da Saúde. Disponível em <www.bireme.br>.

As bibliotecas científico-acadêmicas geralmente são utilizadas para pesquisas de trabalhos e artigos científicos que são referência mundial. Algumas representam o que há de mais novo sendo produzido em centros de pesquisa e na comunidade científica mundial. Entre elas estão:

- ISI Web of Knowledge: disponível em <www.isiwebofknowledge.com>;

- EBSCO: disponível em <www.ebsco.com>;
- Emerald: disponível em <www.emeraldinsight.com>.

As bibliotecas universitárias oferecem acesso digital e on-line ao conteúdo de livros universitários, profissionais e de informática de editoras como Pearson e Artmed Editora. Uma das principais referências é:

- **Biblioteca Virtual Universitária**: disponível em <www.bvirtual.com.br>.

Navegando pelo portal Domínio Público

O portal Domínio Público <www.dominiopublico.gov.br> possui um grande volume de material que pode ser explorado para pesquisa. Em destaque estão as obras de Machado de Assis, a obra dramática de Shakespeare em português, poemas de Fernando Pessoa, volumes de Joaquim Nabuco e clássicos da literatura infantil. Podemos encontrar também material como músicas eruditas brasileiras, hinos, e vídeos como os do educador Paulo Freire.

Experimento

Fizemos uma navegação não sistemática pelas obras de Machado de Assis, disponível em <www.portal.mec.gov.br/machado/>, como mostra a Figura 4.29.

Encontramos romances, contos, poesias, crônicas, obras de teatro, críticas, traduções, além de cronologia, bibliografia, teses e dissertações e acesso a um blog para postagens abertas.

Há bastante material literário para ser utilizado por professores e alunos em estudos e pesquisas.

Experimente também!

- Navegue pelo site Domínio Público e desenvolva uma atividade para os alunos realizarem um trabalho extraclasse.
- Compartilhe o resultado desta experiência na comunidade no site de nosso livro (www.prenhall.com/camara_br).

FIGURA 4.29 Página de pesquisa sobre obra de Machado de Assis

54 Tecnologias que educam

Trabalhos relacionados ao ensinar e aprender no SciELO

Experimento

Fizemos uma busca no Scielo (disponível em <www.scielo.org>) com os termos *ensinar* e *aprender*, ordenando os resultados por ano, em ordem decrescente (dos trabalhos mais recentes aos mais antigos). O resultado[1] está apresentado na Figura 4.30.

Os quatro trabalhos apontados tratam de casos, questões e desafios contemporâneos e foram publicados em revistas tradicionais conceituadas, como *Educação e Pesquisa*, *Educação e Sociedade* e *Revista Brasileira de Enfermagem*.

Experimente também!

- Faça uma pesquisa no site Scielo com palavras-chave de seu interesse.
- Compartilhe o resultado dessa experiência no site de nosso livro. Disponível em <www.prenhall.com/camara_br>.

FIGURA 4.30 Resultado da pesquisa com as palavras *ensinar* e *aprender* no Scielo

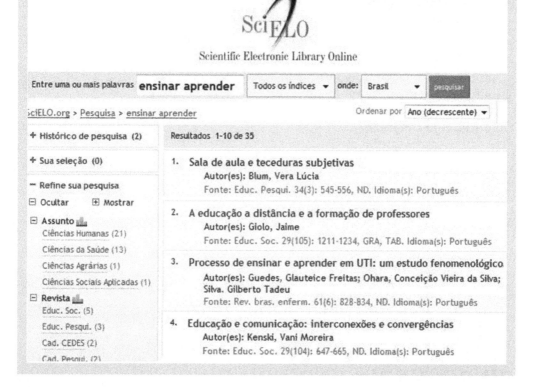

Pesquisa sobre DST e AIDS na Biblioteca Virtual em Saúde (BVS)

Experimento

Fizemos uma busca na Biblioteca Virtual em Saúde (disponível em <www.bvsalud.org>) com os termos DST e AIDS. O resultado[2] está exibido na Figura 4.31.

Encontramos 4.443 trabalhos relacionados ao tema. Há muitas revistas nacionais e internacionais indexadas a essa biblioteca. O site permite filtrar os artigos clicando na barra lateral esquerda.

Experimente também!

- Faça uma pesquisa no site da Biblioteca Virtual em Saúde com palavras-chave de seu interesse.
- Compartilhe o resultado dessa experiência na comunidade no site de nosso livro (www.prenhall.com/camara_br).

Figura 4.31 Resultado da pesquisa com as siglas *DST* e *AIDS* na Biblioteca Virtual em Saúde

Livros e partes de livros digitais

A Biblioteca Virtual (disponível em <www.bvirtual.com.br>) possui boa parte do acervo das editoras Pearson e Artmed,[3] abrangendo livros universitários, profissionais e de informática.

É possível realizar pesquisas, ler e imprimir páginas e capítulos personalizados de um livro sem precisar adquirir o exemplar por completo.

Experimento

Fizemos um acesso à Biblioteca Virtual e consultamos um livro da editora Pearson, como mostra a Figura 4.32.

Assim como esse título, outros podem ser consultados, lidos e comprados com desconto.

Vamos consultar um outro livro na Biblioteca Virtual, como mostra a Figura 4.33.

Os livros podem ser impressos por um valor que permite o uso sem violação de direitos autorais.

FIGURA 4.32   Consulta a livro da Biblioteca Virtual

FIGURA 4.33   Nova consulta a livro na Biblioteca Virtual — descrição detalhada

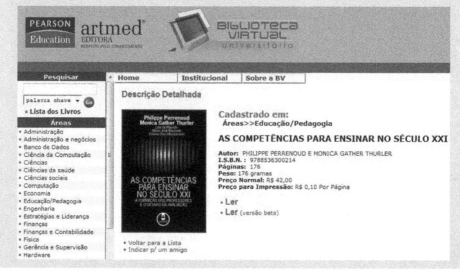

Utilização de bases de dados e informações **57**

> ### Experimente também!
>
> - Faça uma pesquisa no site da Biblioteca Virtual, pesquisando livros de seu interesse.
> - Verifique a possibilidade de compor referências para suas aulas, a um custo mais acessível para seus alunos, com conteúdo de sua escolha.
> - Compartilhe o resultado dessa experiência na comunidade no site de nosso livro (www.prenhall.com/camara_br).

Considerações finais

Apresentamos, neste capítulo, recursos da Internet que integram a prática de *utilização de bases de dados e informação*, auxiliando os processos de ensinar e aprender.

Como pudemos observar, são inúmeras as bases de dados que podem ser utilizadas sem qualquer custo por professores e alunos, como as bases de e-mails, bases de busca na Internet, imagens, mapas e vídeos, além de recursos de armazenagens de arquivos e uso de dicionários, tradutores e bibliotecas virtuais.

Esses recursos, que tornam os dados acessíveis, permitem aos ativistas do processo educacional buscar, armazenar e compartilhar informações — passos fundamentais na construção do conhecimento.

Cabe lembrar o papel decisivo dos professores e pesquisadores nesse processo de formação do conhecimento. Ao operar com um grande volume de informações, é importante discriminar a exatidão dos dados, a credibilidade das fontes, a qualidade dos recursos que estão sendo utilizados e a origem das informações. É importante também a comparação entre diferentes visões e o respeito aos direitos de autoria e criação.

Os casos que apresentamos também ilustram formas de utilizar esses recursos além da sala de aula. Desejamos que esses experimentos sejam aproveitados no aprimoramento de suas estratégias de ensinar e aprender. Compartilhe seus resultados com nossa comunidade.

Notas

1   Pesquisa realizada em abril de 2009.
2   Pesquisa realizada em abril de 2009.
3   Até abril de 2009.

5 Comunicação e interação

A Internet iniciou sua popularização no Brasil em 1995, a partir da abertura comercial. Ela possui, atualmente, inúmeros recursos para a comunicação e interação, que os professores podem aproveitar para ensinar e aprender.

Assim como no capítulo anterior, definiremos cada um dos recursos sucintamente e apresentaremos casos, com exemplos de como desenvolver processos e estratégias para utilização a partir da sala de aula.

Nosso navegador será mostrado antes de cada caso, indicando a área de trabalho que está sendo ativada. Em todos os casos deste capítulo serão trabalhadas as dimensões *aprender com comunicação* ou *ensinar e aprender com comunicação* concomitantemente, conforme exemplificado nos dois diagramas da Figura 5.1.

Neste capítulo apresentaremos um conjunto de práticas de comunicação e interação que podem ser empregadas no processo de ensinar e aprender, baseadas nos seguintes recursos:

- Correio eletrônico (e-mails)
- Mensagens instantâneas
- Salas de bate-papo (chats)
- Grupos e comunidades virtuais
- Fóruns de discussão
- Reuniões e videoconferências
- Redes de relacionamento
- Blogs
- TV pela Internet

Figura 5.1 Utilizando o navegador — *Aprender com comunicação* ou *ensinar e aprender com comunicação*

Evolução e conjunto de ferramentas de colaboração na Internet

A Internet surgiu em 1969 a partir de uma agência do governo norte-americano, como forma de comunicação entre bases militares, no contexto da Guerra Fria.

A *World Wide Web*, conhecida como www, ou simplesmente Web, foi desenvolvida em 1991, mas sua popularização no Brasil se deu a partir de 1995, com o lançamento da Internet comercial e as privatizações das empresas de telecomunicações.

Antes de a Internet chegar a nosso país, a comunicação e interação era feita por meio das chamadas Bulletin Board Systems (BBS), que permitiam conexões através do computador, via telefone, a uma aplicação em que as pessoas poderiam compartilhar arquivos e softwares, ler notícias, trocar mensagens eletrônicas, utilizar e participar de fóruns de discussão e conversas on-line (os denominados chats) com outras pessoas e obter diversão com jogos on-line.

Atualmente a utilização da Internet combina o uso da Web (www) e dos softwares de e-mail. Exceto os recursos de correio eletrônico (e-mail) e salas de bate-papo, todas as ferramentas de comunicação e interação que serão descritas nas próximas seções foram desenvolvidas a partir de 1995.

Correio eletrônico (e-mails)

O correio eletrônico, ou a correspondência por meio de e-mails, é uma forma de comunicação denominada assíncrona, pelo fato de as pessoas não trocarem mensagens de texto em tempo real. Uma mensagem pode ser enviada e recebida em tempos diferentes, que podem variar de poucos segundos até dias ou meses.

Atualmente as mensagens via e-mail já contam com imagens e links para arquivos de textos, apresentações, planilhas e outros documentos da Web.

Existem recursos para gerenciar e-mails, que podem ser armazenados no próprio computador do usuário ou ser utilizados virtualmente, no próprio site em que o usuário possua a conta de e-mail.

Dentre os softwares mais populares para utilizar e gerenciar e-mails a partir do computador do usuário, destacamos o Microsoft Outlook e o Eudora.

Diversos são os e-mails acessados pela Web. Existem vários provedores, tanto gratuitos quanto pagos, que permitem o gerenciamento e utilização de e-mails, como UOL, Terra, IG, Globo, Gmail e Yahoo! Mail.

A Figura 5.2. mostra o ambiente do Gmail (disponível em <www.gmail.com>).

Esse ambiente não apenas dá acesso às mensagens recebidas e enviadas, mas permite criar pastas, anotar compromissos, cadastrar contatos, manter listas de distribuição, anotar tarefas e compartilhar, dependendo do interesse do usuário.

O Gmail possui uma agenda de compromissos associada, denominada Google Calendar. Com esse aplicativo, o usuário pode marcar compromissos e compartilhar a agenda com colegas e outras pessoas de sua comunidade de interesses.

Você pode, por exemplo, verificar em sua agenda e, dependendo do modo como cadastrou uma pessoa, fazer com que esta marque uma reunião com você.

FIGURA 5.2   Servidor de e-mails Gmail

Compartilhamento de agendas

Utilizamos duas contas do Gmail para demonstrar como é possível realizar o compartilhamento de agendas.

Experimento

Ao acessar a aplicação, o usuário pode criar agendas, configurá-las e escolher outras agendas para compartilhar.

É possível tornar uma agenda pública ou apenas compartilhá-la com determinadas pessoas. Nesse caso, o usuário deve especificar o nível de compartilhamento que deseja oferecer. Eis algumas opções:

- Verificar se está livre/ocupado;
- Ver todos os detalhes do evento;
- Fazer alterações nos eventos;
- Gerenciar compartilhamento.

A Figura 5.3 mostra uma agenda no Gmail com essas possibilidades.

Figura 5.3 Compartilhamento de agenda pessoal no Gmail

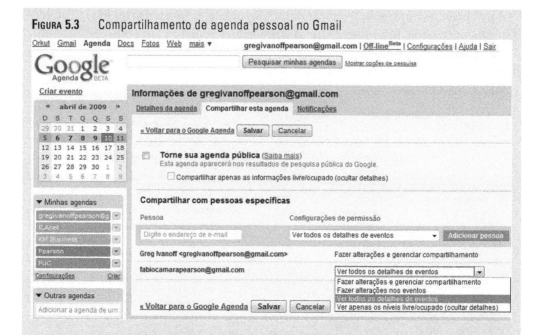

Nesse caso, o usuário decidiu compartilhar sua agenda com outro usuário.

Ao acessar sua conta e agenda, ele visualiza tanto as informações de sua agenda quanto aquelas da agenda compartilhada com o outro usuário.

Podemos observar seus compromissos na Figura 5.4.

Figura 5.4 Agenda de compromissos compartilhados no Gmail

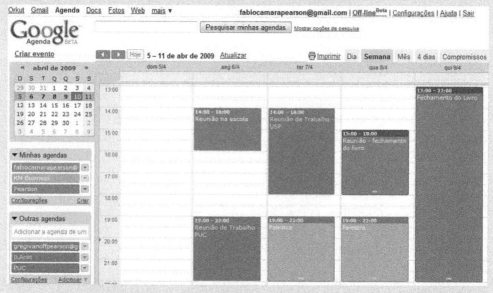

Um usuário pode alterar as agendas ou apenas visualizar os compromissos assim designados pelo outro usuário.

Experimente também!

- Crie uma conta no Gmail, abra uma agenda e compartilhe com seus alunos.
- Sugira a seus alunos fazerem o mesmo, compatibilizando horários de estudos e trabalhos.
- Compartilhe o resultado dessa experiência na comunidade no site de nosso livro (www.prenhall.com/camara_br).

Cuidados em relação aos e-mails

Existe um conjunto de recomendações interessantes, mas não obrigatórias e pouco formalizadas, denominado *netiqueta*. Algumas dessas recomendações são feitas para que haja uma comunicação mais bem protocolada. Entre elas, podemos destacar:

- Utilize bem, com brevidade e objetividade, o campo *assunto* ou *subject*.
- Evite escrever mensagens muito longas.
- Evite retransmitir mensagens muito longas (com a opção *encaminhar* ou *forward*).
- Escrever o e-mail em CAIXA ALTA é comparável a GRITAR as palavras ao destinatário. Utilize esse recurso para enfatizar algo ou prefira colocar o texto em negrito ou sublinhado.
- Procure ser formal, mesmo ao se comunicar com uma pessoa conhecida. Lembre-se de que o e-mail é uma mensagem eletrônica de texto assíncrona, ou seja, o remetente vai ler o que você escreveu em um outro momento. Nem tudo que você fala de maneira direta e pessoalmente com uma pessoa poderá ser entendido da mesma forma em uma mensagem eletrônica. As impressões e conotações podem ser diferentes.
- Cuidado com arquivos anexados muito longos. A caixa postal do destinatário poderá ter restrições de tamanho de arquivos.
- Seja cortês no tratamento, procure utilizar formalidades como *caro fulano* ou *prezado beltrano*. Se a pessoa responder sem o tratamento, isso indica que ela recebeu a mensagem e está respondendo com certa intimidade; nesse caso você poderá descartar o tratamento formal.
- Cuidado ao copiar mensagens para outras pessoas. Verifique se o conteúdo da mensagem pode realmente ser compartilhado.
- Cuidado com as regras de ortografia e concordância verbal e nominal. O português incorreto pode comprometer e passar uma imagem ruim.

- Procure não abreviar palavras como *vc* e *qdo*. Escreva *você* e *quando*.
- Lembre-se que o e-mail é um documento eletrônico, portanto evite tratar de assuntos comprometedores.
- Se alguém enviar um e-mail para vários destinatários e você quiser dar alguma resposta pessoal (como parabenizar o remetente por alguma conquista), responda diretamente a quem enviou o e-mail. Evite responder a todos, pois isso faz com que os outros destinatários tenham que ler e deletar sua homenagem particular.
- Lembre-se de que as palavras escritas são mais fortes que as faladas. Cuidado ao escrever um e-mail quando você se sentir ofendido com alguma palavra. Nesses casos é melhor você falar com o remetente por outros meios.
- O correio eletrônico serve para a comunicação e para o encaminhamento de informações. Utilize essa ferramenta de modo racional. Se o assunto for longo, utilize o telefone. Não é adequado utilizar um e-mail para escrever palavras que você não diria pessoalmente.

Saiba mais sobre netiqueta nos seguintes sites:[1]

- <www.abusar.org/rfc.htm>
- <pt.wikipedia.org/wiki/Netiqueta>
- <www.icmc.usp.br/manuals/BigDummy/netiqueta.html>

Mensagens instantâneas

Seja pela TV a cabo, pelo telefone celular ou pela Internet, é possível se comunicar por meio de mensagens eletrônicas. Caso você esteja conectado, receberá as mensagens em tempo real, caso contrário as receberá no momento em que estiver on-line.

Como qualquer ferramenta de comunicação, os softwares para troca de mensagens eletrônicas podem ser utilizados para um simples bate-papo ou podem ser explorados sob o ponto de vista acadêmico. Os mais utilizados no Brasil são o Windows Live Messenger, Skype, Google Talk, Yahoo! Messenger e ICQ.

Windows Live Messenger

O Windows Live Messenger é um software da Microsoft lançado inicialmente para troca de mensagens eletrônicas. Atualmente possui outras funcionalidades, como espaço para compartilhamento de imagens e envio de mensagens para telefones celulares, por exemplo.

O Messenger pode ser utilizado para conversações por texto, áudio e vídeo entre duas ou mais pessoas.

Comunicação e interação 65

Comunicação e interação com mensagens eletrônicas

Para produzir este caso, foi necessário instalar e configurar a aplicação a partir do Messenger, disponível em <www.messenger.live.com>.

Além da troca de mensagens eletrônicas entre as pessoas, o Windows Live Messenger possibilita uma conferência com várias pessoas.

Experimento

Após configurar a aplicação, você pode adicionar pessoas e tem opção de categorizar, como mostra a Figura 5.5.

Ao clicar em qualquer das pessoas on-line (no quadradinho ao lado do nome que estiver verde), é possível iniciar uma conversa. Quando a pessoa está fora de contato (*off-line*), também é possível enviar mensagem, que será recebida assim que o destinatário entrar no aplicativo.

Além de conversar por texto, podemos utilizar áudio e vídeo, trocar arquivos e convidar outras pessoas para a conversa, como mostra a Figura 5.6.

FIGURA 5.5 Página do aplicativo Windows Live Messenger

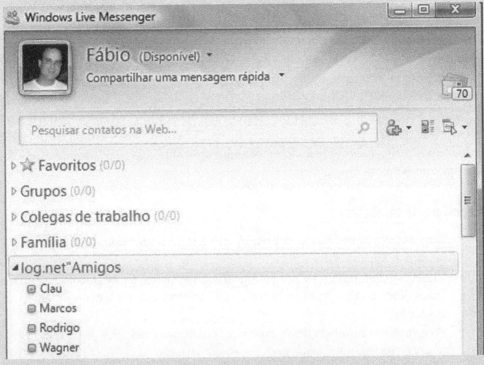

FIGURA 5.6 Convidando alguém para conversar no Messenger

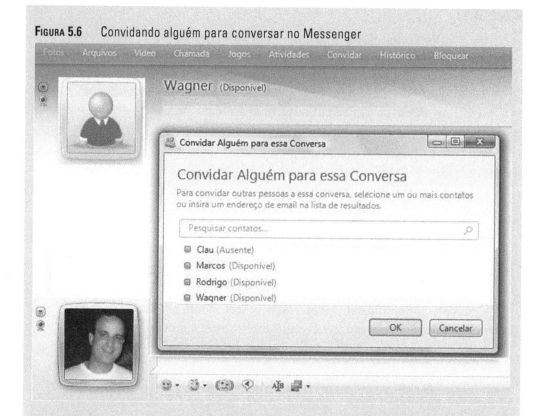

Podemos também criar um áudio e enviar para os participantes da conversa que escolhermos.

Essa é uma ferramenta muito útil para fins educacionais, pois possibilita a comunicação e interação entre as pessoas a distância, de qualquer lugar do mundo.

É possível também armazenar um histórico da conversa. Com esse recurso o professor pode, por exemplo, acompanhar a discussão entre alunos em uma atividade extraclasse, verificando o processo de comunicação entre eles e utilizando esse instrumento como parte da avaliação.

Experimente também!

- Crie uma conta no Windows Live Messenger e convide colegas e alunos para fazerem o mesmo.
- Utilize o recurso para debate e troca de informações sobre trabalhos e atividades. Você pode solicitar o histórico da conversa como parte do processo de avaliação.
- Compartilhe o resultado dessa experiência na comunidade no site de nosso livro (www.prenhall.com/camara_br).

Skype

O Skype (disponível em <www.skype.com>) foi lançado em 2003 para permitir a comunicação via Internet de pessoas, de modo gratuito, independentemente do local de origem e destino. Atualmente, esse programa pode fazer conexões por meio de serviço pago ou manter uma conexão gratuita e fazer conferências com vídeos em qualquer lugar do mundo.

Para finalidades acadêmicas, o Skype pode ser utilizado para conectar pessoas em diferentes localidades e permitir troca de mensagens eletrônicas, conversações on-line, reuniões e videoconferências, como explicaremos adiante.

Google Talk

Iniciado em 2005, para promover mensagens instantâneas aos membros do Google (www.google.com/talk/), é a ferramenta utilizada pela rede social Orkut.

Yahoo! Messenger

Iniciado em 1998, é a ferramenta do Yahoo! para a troca de mensagens eletrônicas, principalmente dentro da rede social que o grupo mantém.

ICQ

Lançado em 1997, foi a primeira ferramenta de sucesso para troca de mensagens eletrônicas pela Internet. Atualmente, o ICQ cedeu espaço para o Windows Live Messenger no mundo virtual.

Chats

Conversar em tempo real já era possível através das BBSs, conforme comentado anteriormente. Com o advento da Internet, a ferramenta mIRC se disseminou e passou a dominar os ambientes de bate-papo, também conhecidos como chats, entre 1996 e meados de 2000. O mIRC é baseado em um protocolo de comunicação denominado *Internet Relay Chat* e permite que o computador se conecte a um servidor em qualquer lugar do mundo. Você pode acessar salas de bate-papo, conhecer e conversar com pessoas, dependendo do canal que você escolher.

A partir de 1999, começaram a predominar ferramentas de bate-papo fornecidas por portais de conteúdo, como UOL, Globo e Terra. O formato é diferente do mIRC, e o acesso é limitado às pessoas que acessam aquele sistema.

Nas salas de bate-papo dos portais você se identifica com um apelido (*nickname* ou simplesmente *nick*), e pode assumir qualquer identidade, pois não há um controle que permita reconhecer a sua identidade original. As salas de bate-papo são muito utilizadas para paquera e busca de relacionamento afetivo.

NA PRÁTICA

Bate-papo para ensinar e aprender

As salas de bate-papo dos portais não são normalmente utilizadas para fins educacionais. Mas encontramos um caso que pode indicar essa ferramenta para ensinar e aprender com comunicação.

Experimento

O professor pode incentivar os alunos a assistir e participar de discussões que são organizadas por alguns portais por meio de salas de chat.

Ao acessar o site <batepapo.uol.com.br> é possível encontrar um espaço de comunicação e interação com convidados e um arquivo com as conversas.

Observamos que o site traz em salas de bate-papo vários assuntos que podem ser explorados em sala de aula, como política, reeducação alimentar e gastronomia.

Os recursos das salas de bate-papo podem ser aliados do professor nos processos de ensino e aprendizagem. Os alunos gostam dessa ferramenta e costumam utilizá-la com bastante frequência.

Outra possibilidade é acessar a área de arquivos, conforme mostra a Figura 5.7.

FIGURA 5.7 Área de arquivos do Bate-papo UOL

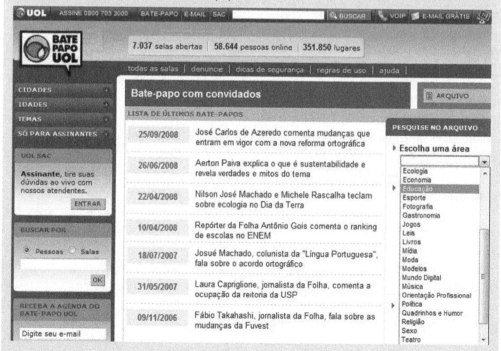

A área de educação mostra as últimas conversas com os convidados. Observe que há outras áreas que podem ser exploradas para aprender sobre temas recentes e debatidos por especialistas.

Você pode indicar aos alunos esse recurso para pesquisa e interação (quando o convidado estiver na semana para debater ao vivo). É uma forma de diversificar o campo de comunicação, trazendo os temas discutidos para a sala de aula.

Ensinar e aprender outros idiomas por meio do mIRC

É possível fomentar o conhecimento de novos idiomas e culturas por meio dos recursos de bate-papo do mIRC.

Experimento

O funcionamento do mIRC é o mesmo de qualquer aplicativo de bate-papo, porém há uma vantagem relacionada ao controle. As salas possuem operadores que podem, por exemplo, retirar uma pessoa da sala por mau comportamento. Outro aspecto importante é que os *nicks* (identidades das pessoas que acessam) podem ser registrados e, uma vez que você divulgue sua identidade original, as pessoas saberão identificar quando você estiver on-line, já que há uma proteção por senha de seu apelido.

Atualmente, as salas de bate-papo estão pulverizadas em diversos sites. O mIRC ainda existe e seu potencial pode ser explorado para o aprendizado de idiomas e para o contato com outras culturas, já que suas salas não possuem fronteiras. Apresentaremos um exemplo de acesso a uma rede denominada EFnet. A EFnet[2] teve sua origem em 1990, dois anos depois da criação da rede IRC. A Figura 5.8 mostra um acesso realizado por um servidor na Holanda.

No momento do acesso havia 56.074 pessoas conectadas em 25.992 canais criados (salas de conversação) e 396 operadores. Entrei com o *nick* "fabiocamara" em dois canais: #brasil e #Afghanistan. A rede é gerenciada por operadores que podem ser softwares-robôs (com procedimentos predefinidos) ou usuários voluntários.

Experimente também incentivar seus alunos a fazer comunicação e interação com pessoas de outros lugares e idiomas utilizando os recursos do mIRC.

Figura 5.8 Acesso realizado a uma página da rede EFnet

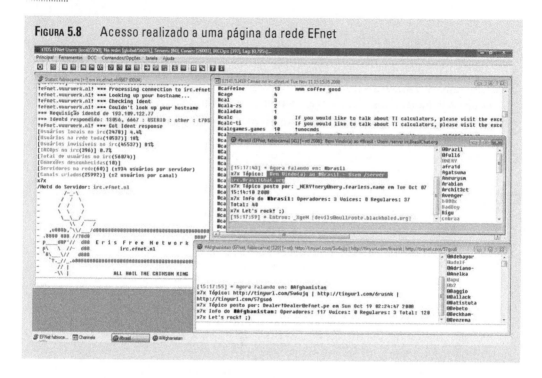

Grupos e comunidades virtuais

Em 1996, uma comunidade fez muito sucesso na Web — a Geocities.[3] Ela trazia o conceito de cidades virtuais — você poderia abrir sua página pessoal (*homepage*) em ruas, de acordo com preferências comuns, dentro do conceito básico de comunidade.

A Geocities teve seu conceito adaptado do Yahoo!, que possui um dos maiores portais de comunidades e grupos virtuais. Nele você pode abrir uma comunidade. Além da Geocities, existem outros grupos que podem ser utilizados gratuitamente, como o Google Grupos, o Grupos.com.br e o próprio Yahoo! Grupos.

Há uma vasta possibilidade na construção de grupos. Pode-se experimentar o aprendizado em grupos interdisciplinares ou mesmo em grupos com focos em disciplinas e programas educacionais. Pode-se compartilhar arquivos com o grupo, além dos seguintes recursos:

- Lista de distribuição de e-mails: As mensagens podem ser enviadas diretamente a todos os integrantes do grupo, que podem recebê-las diretamente, por resumo diário, por envio direto pelo moderador ou diretamente pela Web;
- Armazenagem de arquivos: Pode-se armazenar arquivos e compartilhá-los com o grupo;
- Fotos: Os participantes do grupo podem enviar as fotos;
- Links: É possível compartilhar links para acesso a sites da Internet;
- Banco de dados: Podem ser criados bancos de dados para a comunidade;
- Enquetes: É possível realizar enquetes pelo grupo;

- Agenda: Pode-se criar uma agenda com o grupo e gerenciá-la, conforme a necessidade.

Ensinar e aprender em grupos virtuais

Faremos dois experimentos com grupos virtuais, um sobre um tema e outro sobre uma disciplina específica.

Acessaremos os recursos do Yahoo! Grupos (br.groups.yahoo.com). Para isso, é preciso criar uma conta para ter acesso aos grupos.

Para entrar nos grupos mais interessantes do Yahoo! é necessário pedir autorização para a figura do moderador. Isto para evitar que pessoas entrem para fazer propaganda de produtos ou que sejam enviados e-mails que não fazem parte do contexto das discussões do grupo.

Um bom grupo funciona com mensagens relevantes e associadas ao tema de discussão.

1º Experimento

Ao se conectar no Yahoo! Grupos digite a palavra "getgc". Aparecerá uma descrição deste que é o "Grupo de Estudos de Tecnologia em Gestão do Conhecimento", criado em outubro de 2000,

> é um ambiente virtual [...] onde grupos de estudos de gestão de conhecimento divulgam resultados e atividades de reuniões voltadas para o debate acadêmico de questões relacionadas com a área de gestão de conhecimento corporativo.

Por determinação dos moderadores, as mensagens enviadas devem conter resultados de pesquisa ou comentários sobre reuniões e eventos relacionados ao tema. Assim, são poucas mensagens trocadas por mês, como mostra a Figura 5.9.

2º Experimento

Criamos um grupo para um curso regular que é ministrado nas férias sobre uma ferramenta de administração denominada *Balanced Scorecard*.

Além de trocar mensagens, podemos identificar os participantes, ter um álbum de fotos, compartilhar links, ter um banco de dados, produzir e realizar enquetes, ter uma agenda do grupo, além de compartilhar arquivos, como mostra a Figura 5.10.

Os arquivos podem ser colocados tanto pelo professor quanto pelos alunos e participantes. Podem ser organizados em pastas com uma descrição do conteúdo. Há um limite de armazenagem.

72 Tecnologias que educam

FIGURA 5.9   Página do Yahoo! Grupos

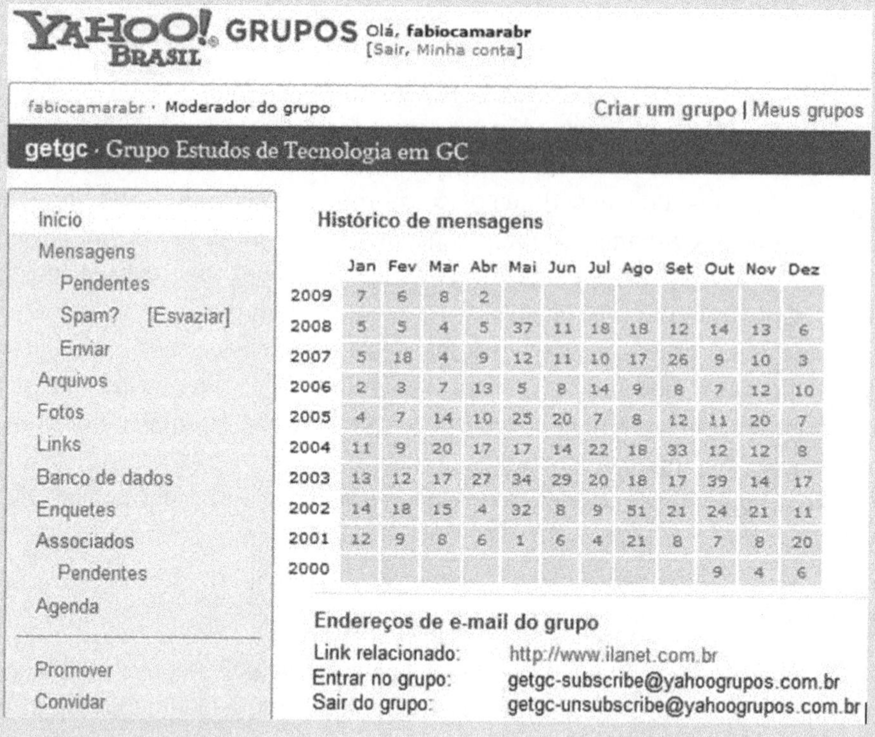

FIGURA 5.10   Página do Yahoo! Grupos com o BSC Férias

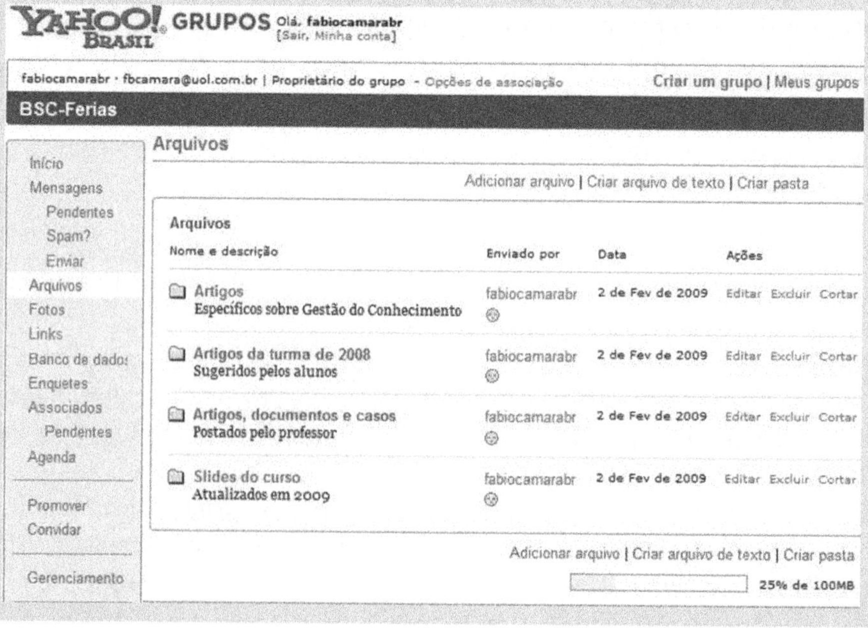

A data de envio é marcada pelo aplicativo, de modo que o professor pode, por exemplo, pedir aos alunos que entreguem o trabalho no grupo na data marcada. O Yahoo! informará se a data foi além daquela estipulada.

Conclusão

Pode-se utilizar a ferramenta de grupos para criar comunidades das disciplinas, bem como pedir para os alunos participarem de grupos para discussão de temas específicos.

Esse aplicativo pode ser um bom recurso para comunicação e interação dos alunos e uma boa prática para se utilizar como extensão da sala de aula.

Experimente também!

- Crie uma conta no Yahoo! Grupos e um grupo com sua disciplina. Aproveite o aplicativo para a comunicação e interação de sua disciplina.
- Sugira a seus alunos participar de grupos de discussão de temas específicos. Você pode pedir trabalhos relacionados aos temas dos grupos.
- Compartilhe o resultado dessa experiência na comunidade no site de nosso livro (www.prenhall.com/camara_br).

Fóruns de discussão

Os fóruns são recursos destinados ao debate e à discussão. Normalmente o debate é livre, as questões são colocadas e respondidas, seguindo regras definidas por cada hospedeiro. Algumas regras estão associadas a leis brasileiras, como as que se referem a pedofilia, racismo, invasão de privacidade e difamação. Outras regras podem estar associadas à divulgação comercial, como as que se referem a mensagens fora de contexto e palavras ofensivas.

É possível acompanhar um debate já iniciado e discutir temas que estão em andamento, dando continuidade ao que foi debatido.

Também é possível iniciar um novo debate. Nesse caso, você pode se cadastrar no site e propor um tema de interesse para discussão. O funcionamento depende da tecnologia utilizada por cada hospedeiro.

Alguns fóruns possuem a figura do moderador dos debates, outros são mais abertos à discussão e a questionamentos.

NA PRÁTICA

Ensinar e aprender gestão do conhecimento por meio de fóruns virtuais

Desde meados da década de 1990, discutem-se questões associadas à gestão do conhecimento (GC). Há várias definições para o tema, mas ainda não se chegou a um consenso, balizado pelo mercado ou por alguma instituição.

Entendemos que a gestão do conhecimento está associada ao conjunto articulado entre pessoas, processos e tecnologia, e ao produto dessa articulação nos ambientes e contextos, envolvendo diversos fatores: intenção, autonomia, caos criativo, redundância, variedade de requisitos, visão do conhecimento, conversas, mobilização de ativistas, contexto adequado e globalização do conhecimento.

A Sociedade Brasileira de Gestão do Conhecimento (SBGC) congrega uma comunidade de especialistas, empresas e interessados no tema.

No site da entidade há um conjunto de fóruns de discussão sobre os temas relacionados à gestão do conhecimento.

Experimento

Criamos uma conta no site da SBGC (disponível em <www.sbgc.org.br>) e acessamos a seção de fóruns. A Figura 5.11 apresenta um quadro dos fóruns em andamento.

Os fóruns estão organizados por temas, e em cada um deles são formulados tópicos com perguntas e respostas elaboradas pelos participantes. Os moderadores podem aprovar a criação de temas e tópicos. Há regras de participação divulgadas pelo site.

Você pode requisitar e receber todas as mensagens dos fóruns que desejar ou um resumo dos acontecimentos dos fóruns por e-mail.

Essa é uma forma de comunicação e interação da SBGC com a comunidade, entre seus membros. Você pode indicar a seus alunos a participação direta nos fóruns ou a leitura das informações ali postadas como fonte para trabalhos educacionais.

Experimente também!

- Crie uma conta no site da SBGC, acesse, participe e indique a seus alunos.
- Sugira a seus alunos participarem dos fóruns. Você pode pedir trabalhos relacionados aos temas sugeridos.
- Compartilhe o resultado dessa experiência na comunidade no site de nosso livro (www.prenhall.com/camara_br).

Comunicação e interação 75

FIGURA 5.11   Fóruns em andamento no site da SBGC

		Tópicos	Mensagens	Última mensagem
[Fóruns temáticos]				
	Gestão do Conhecimento Moderadores Diretoria Nacional , Moderadores de Forum	307	1678	RE: Análise de Redes Sociais .. 7/4/2009 10:40 PM
	Comunidades de Prática Moderadores Moderadores de Forum	16	239	RE: Mediação... .. 12/11/2008 9:16 AM
	Educação em Gestão do Conhecimento Moderadores Moderadores de Forum	8	18	Informações sobre cursos .. 11/2/2009 11:32 AM
	Narrativas-Storytelling Moderadores Moderadores de Forum	2	14	Storytelling - exemplo domést .. 3/10/2008 10:45 PM
	GC em educação Moderadores Moderadores de Forum	19	130	RE: Bem vindo - vamos nos apr .. 4/2/2009 1:56 PM
	GC em saúde pública e coletiva Moderadores Moderadores de Forum	12	55	RE: Redes em saúde e árvores .. 11/8/2008 10:02 AM
	GC na área de TI Moderadores Moderadores de Forum	86	275	RE: Mapa mental na TI .. 24/2/2009 11:33 AM
	Inteligência no setor público Moderadores Diretoria Nacional , Moderadores de Forum	15	138	RE: Política de GC para a Adm .. 25/2/2008 4:04 PM

Ensinar e aprender questões de informática por meio de fóruns virtuais

Há na Internet inúmeros fóruns de informática com questões de diversos tipos e temas. Ilustraremos os fóruns da revista *Info*, da editora Abril (disponível em <info.abril.com.br/fórum>).

Experimento

Ao acessar o site, aparecerá uma tela como na Figura 5.12.

Os fóruns existentes[4] estão relacionados a uma infinidade de assuntos relacionados à informática, como Internet, software, segurança, desenvolvimento, sistemas, comunicação, compartilhamento, gestão, hardware, carreira, infraestrutura, vídeo, games, fotografia e música.

Entramos no tema *gestão*, no fórum sobre tecnologia da informação verde (*TI verde*). A Figura 5.13 apresenta o resultado.

Figura 5.12 Página de acesso ao *FórumInfo*

Figura 5.13 Resultado da busca pelo tema *gestão* e *TI verde*.

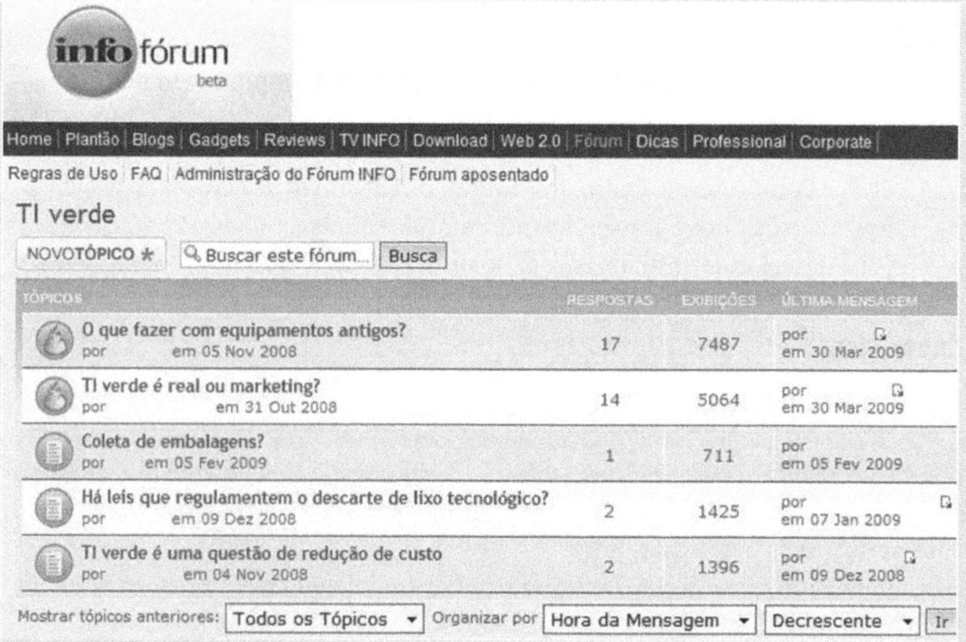

Comunicação e interação 77

A questão ambiental é um tema emergente. A tecnologia de informação (TI) muda rapidamente, gerando o chamado lixo tecnológico, formado por máquinas e equipamentos de informática. Quando se trata dessa área, deve-se pensar em como esse lixo é descartado, reciclado e como as empresas podem fazer isso. O reaproveitamento do lixo tecnológico pode melhorar muito a imagem das empresas.

Nesse fórum, identificamos questões e respostas interessantes, e também algumas brincadeiras de alguns participantes.

Você pode utilizar fóruns como esse para tratar de questões que desejar na área de tecnologia da informação.

Experimente também!

- Sugira trabalhos a seus alunos relacionados aos temas de tecnologia da informação. Peça a eles para participarem do Fórum Info, entre outros recursos.
- Compartilhe o resultado dessa experiência na comunidade no site de nosso livro (www.prenhall.com/camara_br).

Reuniões e videoconferências

Já conhecemos os recursos das mensagens instantâneas, como o Windows Live Messenger, que permitem realizar reuniões em ambientes virtuais. Vimos também que era possível acrescentar recursos de áudio e vídeo.

Vamos conhecer agora recursos que permitem fazer reuniões em ambientes virtuais, utilizando áudio e vídeo. A ideia da videoconferência é unir dois ou mais participantes em uma reunião em que cada um pode ver e ouvir os demais.

O Skype também é um recurso que pode ser utilizado para essa prática.

Ensinar e aprender através de videoconferência

Para produzir este caso, foi necessário instalar e configurar a aplicação a partir do Skype, disponível em <www.skype.com>.

Além da troca de mensagens de textos, este aplicativo é utilizado principalmente para comunicação por voz e/ou vídeo. Neste caso veremos como organizar uma aula para ensinar e aprender utilizando os recursos do Skype.

Experimento

Após configurar o programa, você pode adicionar e iniciar uma conversa com vídeo, conforme mostra a Figura 5.14.

FIGURA 5.14 Página do aplicativo Skype

Você pode conversar com vídeo com uma ou mais pessoas, podendo utilizar esse recurso para ensinar e aprender, independentemente do local em que estiverem os participantes.

Experimente também!

- Crie uma conta no Skype e utilize-a para comunicação e interação com colegas e alunos.
- Use esse recurso para debater e trocar informações sobre trabalhos e atividades.
- Compartilhe o resultado desta experiência na comunidade no site do nosso livro (www.prenhall.com/camara_br).

Redes de relacionamento

As redes sociais de relacionamento têm representado uma febre nos últimos anos, principalmente para as novas gerações. Não é fácil encontrar algum aluno que não esteja conectado a alguma delas.

Em janeiro de 2009, o blog da empresa Compete.com divulgou o resultado[5] do monitoramento do tráfego das redes sociais, que é apresentado na Figura 5.15.

Podemos verificar que a rede Facebook teve mais de 68 milhões de visitantes únicos e o MySpace, mais de 58 milhões. Esses números são maiores que a população de qualquer estado brasileiro.

A rede que mais avançou no ranking foi o Twitter, que passou do 22º lugar para o 3º lugar. O LinkedIn pulou do 9º lugar, para 5º lugar, e o Orkut caiu do 15º lugar para o 21º lugar.

Figura 5.15 Ranking de acesso às redes de relacionamento na Internet

Top 25 Social Networks Re-Rank
(Ranked by Monthly Visits, Jan '09)

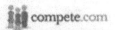

Rank	Site	UV	Monthly Visits	Previous Rank
1	facebook.com	68,557,534	1,191,373,339	2
2	myspace.com	58,555,800	810,153,536	1
3	twitter.com	5,979,052	54,218,731	22
4	fixster.com	7,645,423	53,389,974	16
5	linkedin.com	11,274,160	42,744,438	9
6	tagged.com	4,448,915	39,630,927	10
7	classmates.com	17,296,524	35,219,210	3
8	myyearbook.com	3,312,898	33,121,821	4
9	livejournal.com	4,720,720	25,221,354	6
10	imeem.com	9,047,491	22,993,608	13
11	reunion.com	13,704,990	20,278,100	11
12	ning.com	5,673,549	19,511,682	23
13	blackplanet.com	1,530,329	10,173,342	7
14	bebo.com	2,997,929	9,849,137	5
15	hi5.com	2,398,323	9,416,265	8
16	yuku.com	1,317,551	9,358,966	21
17	cafemom.com	1,647,336	8,586,261	19
18	friendster.com	1,568,439	7,279,050	14
19	xanga.com	1,831,376	7,009,577	20
20	360.yahoo.com	1,499,057	5,199,702	12
21	orkut.com	494,464	5,081,235	15
22	urbanchat.com	329,041	2,961,250	24
23	fubar.com	452,090	2,170,315	17
24	asiantown.net	81,245	1,118,245	25
25	tickle.com	96,155	109,492	18

As principais redes sociais listadas no Brasil atualmente são: Orkut, MySpace, Facebook, Sonico, Windows Live, Twitter, Hi5, Uolk, Gazzag, LinkedIn e Plaxo.

O site da comScore.com divulgou uma pesquisa[6] que mostra que mais de 85 por cento dos brasileiros acessaram sites de redes sociais em setembro de 2008, o que significou um aumento de 9,3 por cento em relação a 2007, perdendo apenas para o Canadá, conforme mostra o Quadro 5.1.

A mesma pesquisa mostra que o Orkut foi a rede de relacionamento mais acessada no Brasil em setembro de 2008. Cada visitante ficou em média 496 minutos conectado, ou seja, mais de oito horas. Foram, em média, 28 acessos por visitante, conforme mostra o Quadro 5.2.

80 Tecnologias que educam

Quadro 5.1 Percentual de acesso às redes sociais por países

Percentual de acesso às redes sociais por países*
Setembro 2008 *versus* setembro 2007
Total no mundo, maiores de 15 anos, residências e locais de trabalho**

País	Percentual alcançado		
	Set. 2007	Set. 2008	Ponto de mudança
Canadá	83,9	86,5	2,6
Brasil	76,0	85,3	9,3
Grã-Bretanha	78,7	78,4	–0,3
México	67,3	73,0	5,7
Espanha	63,9	70,7	6,8
Estados Unidos	65,8	70,2	4,5
Austrália	56,5	67,5	11,1
Alemanha	45,9	65,5	19,6
Itália	53,0	62,2	9,1
Holanda	55,7	61,3	5,6
Rússia	36,3	60,7	24,4
Índia	50,9	60,3	9,4
França	51,4	59,1	7,7
Coreia do Sul	52,3	58,3	6,0
Japão	56,4	55,7	–0,7
China	44,7	50,3	5,6
Taiwan	48,1	42,9	–5,2

Inclui países com pelo menos 10 milhões de visitas pela população em setembro de 2008.
**Exclui acesso de computadores públicos, como cybercafés, ou acessos a partir de SmartPhones/PDAs.*
Fonte: comScore World Metrix

Quadro 5.2 Acesso e permanência em redes de relacionamento no Brasil

Acesso e permanência em redes de relacionamento no Brasil
Setembro 2008
Total Brasil, maiores de 15 anos, residências e locais de trabalho

Sites de relacionamento social selecionados	Total de visitantes (mil)	Média de minutos por visitante	Média de visitas por visitante
Total na Internet : Total de acessos	*26.221*	*1.608,1*	*47,5*
Orkut	20.752	496,1	28,3
Yahoo! Geocities	3.916	2,8	1,8

SONICO.COM	2.978	10,1	2,7
MINGLEBOX.COM	1.677	1,6	2,4
FOTOLOG.COM	1.606	22,1	5,3
8P.COM.BR	1.463	11,2	1,9
MULTIPLY.COM	1.189	4,4	1,5
HI5.COM	1.142	10,6	2,0
Lycos Tripod	1.115	1,8	1,4
MYSPACE.COM	893	13,2	2,3
LIMEALL.COM	387	0,6	1,7
DEVIANTART.COM	386	7,3	1,8
FACEBOOK.COM	360	14,2	2,7

Fonte: comScore World Metrix

A comScore Media Metrix monitora as atividades on-line de pessoas no Brasil com um universo definido entre as pessoas com mais de 15 anos que acessaram a Internet de sua residência ou de seu local de trabalho nos últimos 30 dias. Exclui o tráfego de computadores públicos, como cybercafés, ou acesso a partir de smart-Phones/PDAs. Uma vez que a grande parcela de consumidores no Brasil acessa a Internet fora da definição universal, a comScore desenvolveu um Universo Extendido para a população on-line nesse país, o qual é computado de forma diferente da comScore's Total Internet estimado. A comScore estima que o Universo Extendido do Brasil será de 56,2 milhões.

Ensinar e aprender em redes de relacionamento

Como aproveitar esse mundo de relacionamento para o ensino e aprendizado? Trataremos de casos na comunidade do Orkut.

São exemplos em que as pessoas se comunicam e interagem motivadas por temas relacionados a nosso livro e que podem ser utilizados para aprimoramento de nossas práticas dentro e fora da sala de aula.

1º Experimento

A comunidade Coletivos Inteligentes foi criada em março de 2004, e se identificou como "interessada na sinergia entre as pessoas, ação coletiva e inteligência coletiva", chegando a possuir mais de 6 mil membros.

Os assuntos discutidos nos fóruns trazem contribuições para estudos, conforme mostra a Figura 5.16.

FIGURA 5.16   Página da comunidade Coletivos Inteligentes no Orkut

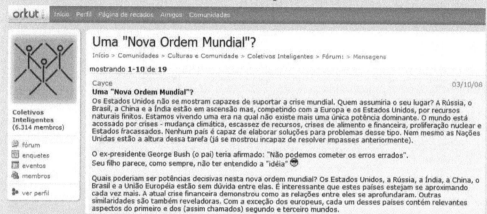

2º Experimento

A comunidade Desafios de Ensinar Matemática, no Orkut, foi criada em novembro de 2004 e chegou a possuir mais de 5 mil membros. Podemos conhecer seus objetivos visualizando sua página na Figura 5.17.

Entre outras atividades, essa comunidade discute temas pertinentes e promove troca de materiais entre professores, como vídeos que podem auxiliar na sala de aula no processo de ensinar e aprender.

3º Experimento

Pesquisamos e recolhemos exemplos de três comunidades que agregam educadores e pessoas interessadas em educação para trocar práticas e técnicas de ensino dentro e fora da sala de aula. As comunidades Prazer de Ensinar, Projetos de Educação Infantil

FIGURA 5.17   Página da comunidade Desafios de Ensinar Matemática

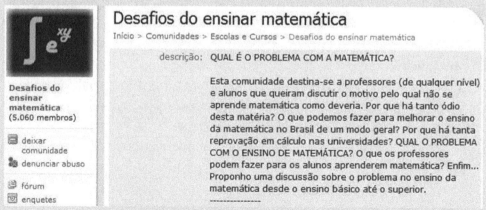

e Paixão de Educar chegaram a reunir mais de 8 mil, 32 mil e 19 mil pessoas, respectivamente. Apresentamos as duas primeiras comunidades na Figura 5.18.

Dentro dessas comunidades, são também realizadas pesquisas. A comunidade Paixão de Educar realizou uma pesquisa sobre temas para oficinas em Educação Infantil, como podemos observar na Figura 5.19.

4º Experimento

Criada em setembro de 2005, a comunidade Minha Educação Depende da Sua possui seis moderadores e reúne mais de 800 mil pessoas.

Ela realiza fóruns e enquetes que, entre outras coisas, questionam o comportamento das pessoas, conforme mostra a Figura 5.20.

Conclusão

Algumas comunidades do Orkut podem contribuir para o processo de ensinar e aprender. Muito mais que simples relacionamento, a informação e comunicação apresentadas nos exemplos podem facilitar e aprimorar nossas práticas como professores.

FIGURA 5.18 Comunidades Prazer de Ensinar e Projetos de Educação Enfantil

PRAZER DE ENSINAR

Início > Comunidades > Escolas e Cursos > PRAZER DE ENSINAR

descrição: "Educar é crescer. E crescer é viver. Educação é, assim, vida no sentido mais autêntico da palavra". (Anísio Teixeira)
Esta comunidade foi criada para que possamos estabelecer PARCERIAS e crescer JUNTAS. Para quem ama a profissão e vive a idealizar uma educação criativa, significativa e de qualidade, pois só pensa assim, quem tem PRAZER DE ENSINAR.

Luzimara e Márcia

PRAZER DE ENSINAR (8.255 membros)

- participar
- convidar amigos
- denunciar abuso

PROJETOS DE EDUCAÇÃO INFANTIL

Início > Comunidades > Alunos e Escolas > PROJETOS DE EDUCAÇÃO INFANTIL

descrição: A comunidade Projetos de Educação Infantil tem o objetivo de expor temas, compartilhar projetos e questões relacionadas a Educação Infantil. Bem-vindos !

"Carpe Diem" quer dizer "colha o dia". A vida acontece sempre no presente

* O avatar da comunidade é um desenho (da professora Cíntia Borher) elaborado por uma de suas alunas do maternal I, Melissa, em 2007.

PROJETOS DE EDUCAÇÃO INFANTIL (32.130 membros)

Tecnologias que educam

FIGURA 5.19 Pesquisa realizada na comunidade Paixão de Educar

Pesquisas

Início > Comunidades > Escolas e Cursos > Paixão de Educar > Pesquisas

Paixão de Educar
(19.395 membros)

- fórum
- enquetes
- eventos
- membros
- ver perfil

	pergunta	autor	votos
votar	EDUCAR É CONSTRUIR O FUTURO!!	thiGas	108
	Quais temas seriam interessantes para serem abordados p/ oficinas num encontro de Educação Infantil?	Letícia	15
	Será que o amor pela educação está acima do retorno financeiro?	Mônica	5
	O melhor educador é aquele que:	Just married ";"	55
	Na formação do professor de educação infantil falta disciplinas sobre avaliação de brinquedos?	denize	26
	Qual a forma mais eficaz de ensinar noções ambientais para uma criança?	Audra	68
	O melhor professor em sua opinião é:	Cíntia	25

FIGURA 5.20 Enquete na comunidade Minha Educação Depende da Sua

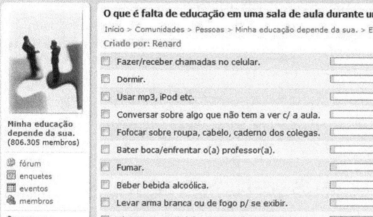

Experimente também!

- Entre no Orkut e procure comunidades que se identificam com suas práticas pedagógicas. Verifique o quanto você pode interagir, contribuir e aprender com as comunidades.
- Identifique as comunidades de que seus alunos participam. Incentive-os a participarem de comunidades construtivas de conhecimento.
- Compartilhe o resultado dessa experiência na comunidade no site de nosso livro (www.prenhall.com/camara_br).

Os brasileiros gastaram, em 2008, em média, 23 por cento do tempo em sites de redes de relacionamento. Segundo estudo da empresa Nielsen, divulgado pela *Gazeta Mercantil*,[7] 67 por cento dos internautas acessam as redes sociais, enquanto 65 por cento utilizam e-mails, indicando que as redes sociais são mais populares que o correio eletrônico.

Blogs

Os blogs são páginas da Web organizadas de forma cronológica (da mais recente para a mais antiga). São páginas pessoais semelhantes a um diário, geralmente com fotos, comentários e recados, e em que se fazem atualizações periódicas. Normalmente, os blogs são temáticos e contêm textos, imagens e links. Neles são colocados artigos, opiniões e comentários, que também podem ser postados por outras pessoas, dependendo do recurso que se queira utilizar.

Existem vários tipos de blogs, desde blogs jornalísticos, políticos ou acadêmicos, até blogs de humor, entretenimento ou páginas pessoais. Os blogs também podem tratar dos mais diversos assuntos, como esportes, literatura, arte, cinema, música, negócios, estilo de vida, ou mesmo curiosidades ou temas diversos (como 'sedentário e hiperativo' e 'pensar enlouquece, pense nisso!' e assim por diante).

Em março de 2008, o Brasil já tinha 10 milhões de leitores de blogs.[8] É possível utilizar esse recurso para ensinar e aprender, como veremos nos casos práticos.

Ensinar e aprender por meio de blogs

Selecionamos cinco blogs como experimentos para mostrar como se pode utilizar esse recurso no processo de ensinar e aprender com comunicação.

1º Experimento

Desde agosto de 2005, o diretor nacional de graduação da Escola Superior de Propaganda e Marketing (ESPM) publica um blog intitulado Visão Institucional ESPM, como mostra a Figura 5.21.

Nesse blog, o professor Alexandre Gracioso expõe ideias e impressões a respeito da ESPM, dos desafios de ensinar e aprender e do direcionamento que ele enseja à Escola.

O recurso utilizado é o *blogger*, que permite, para esse caso, verificar as mensagens anteriores e postar comentários ao texto proferido.

2º Experimento

A Universia é uma rede ibero-americana de universidades. Teve mais de 10 milhões de usuários únicos em março de 2009.[9]

O portal dá acesso ao blog com diversos recursos. Pode ser acessado através do endereço <www.universia.com.br/blogs/>. A Figura 5.22 apresenta uma parte do blog.

3º Experimento

O blog Pesquisa Educação pode ser acessado através do endereço eletrônico <pesquisaeducacao.wordpress.com>. Ele possui notícias, agenda de eventos, entre-

FIGURA 5.21   Blog Visão Institucional ESPM

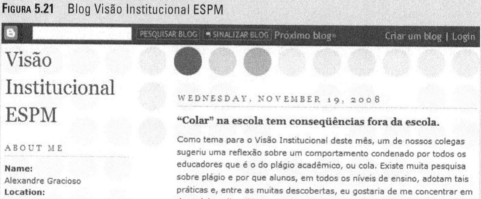

FIGURA 5.22   Blog Universia Brasil

vistas, atividades sugeridas, dicas, resultados de encontros e comentários dos diversos visitantes. A Figura 5.23 representa uma parte do site.

Você também pode acessar as mensagens mensalmente. Essa é a forma de organizar o conteúdo gerado no blog.

4º Experimento

O Caudalongas's Blog foi criado para tratar de novos modelos de negócios oriundos da Internet, além de temas relacionados a Web 2.0, ao marketing digital,

FIGURA 5.23   Blog Pesquisa Educação

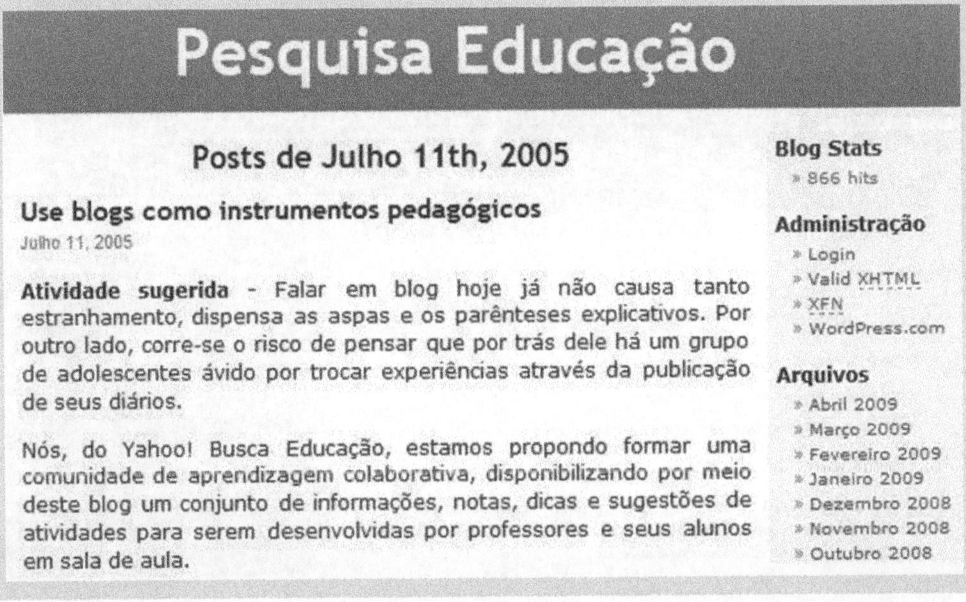

a empresas *start-ups* a partir da Internet, a pesquisas em Internet, ao professor digital e ao livro *A Cauda Longa*, de Chris Anderson.

O blog pode ser acessado pelo endereço <caudalonga.wordpress.com>. A Figura 5.24 apresenta um recorte do blog.

5º Experimento

Os alunos do curso de relações internacionais da PUC-SP criaram um blog para trabalhar sobre questões relacionadas ao processo de negociação, disponível em <www.nucleocelsoamorim.blogspot.com>.

É o blog Núcleo Celso Amorin, apresentado na Figura 5.25.

Esta é uma forma de desenvolver trabalhos em comunidade, de modo aberto, para qualquer interessado no tema contribuir com comentários e discussões.

FIGURA 5.24 Caudalonga's Blog

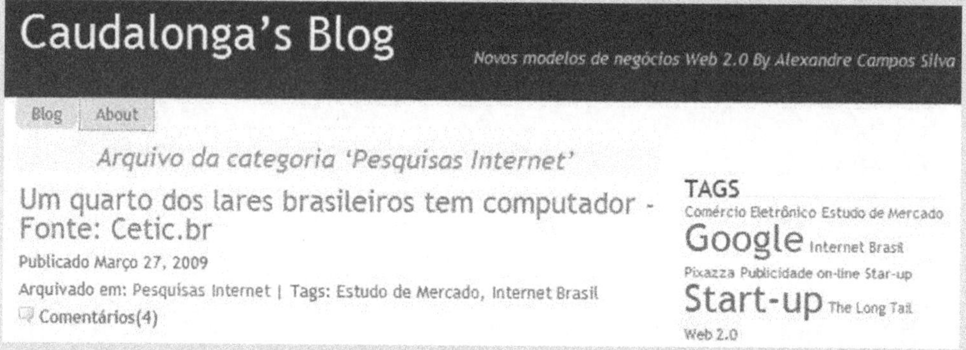

FIGURA 5.25 Blog Núcleo Celso Amorim

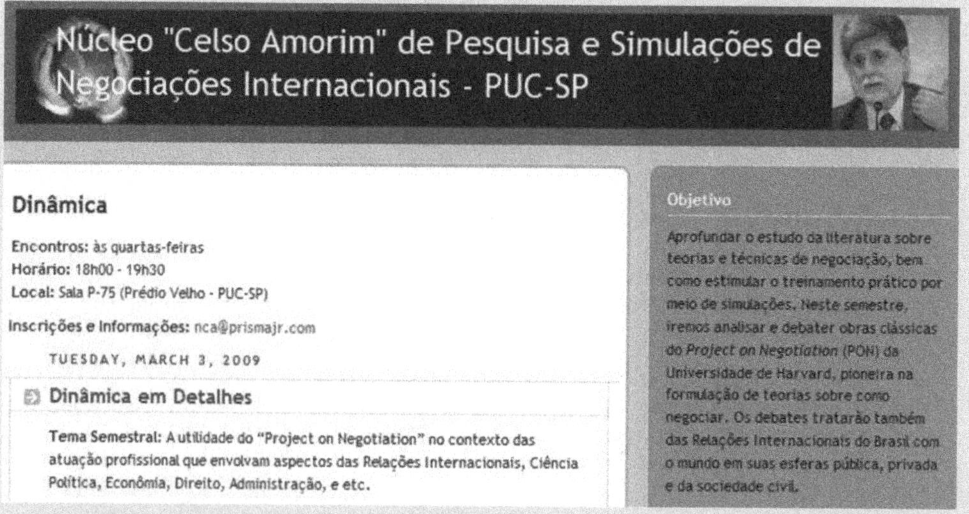

Conclusão

A quantidade de blogs existentes é muito grande. Exemplificamos com alguns blogs que ilustram o amplo leque de possibilidades no uso desse recurso dentro do processo educacional. Há blogs que têm uma visão institucional, como núcleos de estudos formados dentro de universidades, há grupos que trabalham questões específicas, há blogs que promovem discussões temáticas.

É importante que o professor promova o conhecimento de blogs relacionados aos programas trabalhados e oriente os alunos a pesquisar dentro dos mesmos, para contribuir com o processo de ensinar e aprender.

Experimente também!

- Identifique os blogs relacionados a seu programa e acrescente-os em suas estratégias de ensinar e aprender.
- Incentive seus alunos a participarem dos blogs e trazerem contribuições para as discussões em sala de aula.
- Compartilhe o resultado dessa experiência na comunidade no site de nosso livro (www.prenhall.com/camara_br).

TV pela Internet

Desde meados da década de 1990, novos recursos tecnológicos de interação foram sendo implementados, como a utilização de telefone e e-mails. A Internet possibilita uma maior interação com os espectadores. Portais de TVs abertas, como Globo.com, por exemplo, utilizam recursos de mensagens eletrônicas e chats em sua programação ao vivo.

A TV Cultura de São Paulo lançou, no início de 2009, a IPTV Cultura, que descreveremos a seguir.

Ensinar e aprender por meio de TV na Internet

A TV Cultura de São Paulo é reconhecida pela qualidade de sua programação. Destacamos para este livro os programas educacionais e conteúdo de notícias e entrevistas.

Descreveremos o caso da IPTV Cultura, lançado no início de 2009.

Experimento

Desde maio de 2008, três pessoas que utilizam a rede social Twitter são convidadas para participar do programa de entrevistas Roda Viva, para registrar, em poucas palavras, suas impressões, fazendo cobertura instantânea e interagindo com as redes de contatos deles.

Acompanhamos a gravação de um programa, no dia 30 de abril de 2009, como mostra a Figura 5.26 (disponível em <www.iptvcultura.com.br/rodaviva/>).

A transmissão começou pela Internet, ao vivo, às 17h30, com os bastidores. As entrevistas se iniciaram às 18h30. O programa iria ao ar apenas às 22h10.

Os espectadores puderam interagir tanto por meio de bate-papo, por formulário de perguntas, quanto pelos recursos do Twitter, para cobertura em tempo real. Também foram utilizados os recursos do Flickr e do YouTube, para registro de fotos e vídeos.

Conclusão

Assim como fez o programa Roda Viva, no caso que apresentamos, as TVs de um modo geral também podem abrir seus programas de entrevistas, noticiários e programas educacionais, para maior participação, diálogo e interação com o público.

Além disso, as discussões podem ser estendidas nas redes sociais de relacionamento. As produções podem se valer dos recursos gratuitos da Internet e o acesso pode ser feito de qualquer local que tenha acesso à rede mundial.

Dessa forma, a TV pode equilibrar a comunicação com a interação e se tornar uma aliada do professor no processo de ensinar e aprender.

FIGURA 5.26 Site da IPTV Cultura de São Paulo — Programa Roda Viva

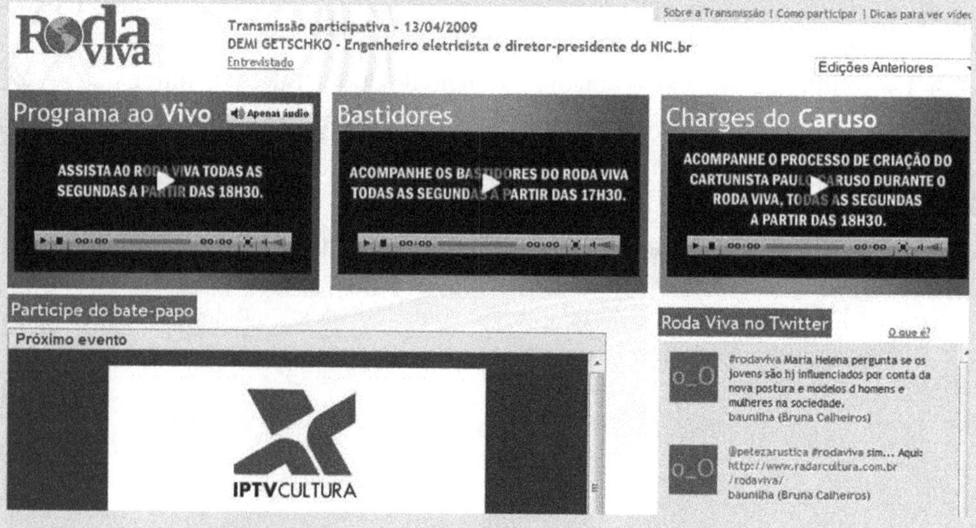

> **Experimente também!**
>
> - Incentive seus alunos a participarem do Roda Viva e de programas de TV interativos. Peça para trazerem contribuições para as discussões em sala de aula.
> - Compartilhe o resultado dessa experiência na comunidade no site de nosso livro (www.prenhall.com/camara_br).

Considerações finais

Apresentamos neste capítulo mais nove recursos da Internet que podem nos auxiliar nos processos de ensinar e aprender. Os casos que mostramos ilustram estratégias de como utilizar esses recursos para além da sala de aula.

Desejamos que eles e os casos sejam aproveitados no aprimoramento de suas estratégias de ensinar e aprender. Compartilhe suas experiências com nossa comunidade.

Notas

1   Acesso em: abr. 2009.
2   Disponível em: <http://www.efnet.org/?module=docs&doc=22>. Acesso em: nov. 2008.
3   Disponível em: <http://pages.yahoo.com/>. Acesso em: nov. 2008.
4   Acesso em abr. 2009.
5   Disponível em: <http://blog.compete.com/2009/02/09/facebook-myspace-twitter-social-network/>. Acesso em: abr. 2009.
6   Disponível em: <http://www.comscore.com/press/release.asp?press=2592>. Acesso em: abr. 2009.
7   Disponível em: http://www.gazetamercantil.com.br/GZM_News.aspx?parms=2384255,43,1,1. Acesso em: abr. 2009.
8   Disponível em: <http://www.acessasp.sp.gov.br/modules/news/article.php?storyid=505>. Acesso em: abr. 2009.
9   Disponível em: <http://www.universia.com.br/materia/materia.jsp?materia=17574>. Acesso em: abr. 2009.

6 Construção de conteúdo

Para desenvolver e transmitir o conteúdo de aulas e demais atividades educacionais, os professores têm tradicionalmente utilizado recursos como lousas e quadros, apostilas, retroprojetores, vídeos e slides, entre outros.

Esses formatos continuam vigentes, mas vêm surgindo novas possibilidades de *construção de conteúdo*, por meio da utilização de tecnologias de informação e comunicação.

Este capítulo apresentará um conjunto de práticas que podem ser utilizadas para a construção de conteúdo, baseadas nos seguintes recursos:

- Criação de documentos eletrônicos
- Planilhas eletrônicas
- Apresentações e slides
- Enciclopédias virtuais

Apresentaremos também sugestões para a construção de conteúdo, que pode ser promovido de forma individual ou colaborativa. Há recursos que permitem a construção compartilhada de conteúdo, o que potencializa e enriquece o processo de ensino e aprendizagem. Serão utilizados recursos baseados na Internet e disponíveis gratuitamente.

Assim como nos capítulos anteriores, definiremos cada um dos recursos sucintamente e apresentaremos casos na prática, com exemplos de como desenvolver processos e estratégias para sua utilização.

Nosso navegador será visualizado antes de cada caso, indicando a área de trabalho que está sendo ativada.

Em todos os casos deste capítulo serão trabalhadas as dimensões *ensinar com informação* ou *ensinar com informação e comunicação*, conforme exemplificado nos dois diagramas da Figura 6.1.

Figura 6.1 Utilizando o navegador — *Ensinar com informação* e *ensinar com informação e comunicação*

Criação de documentos eletrônicos

Neste tópico descreveremos a construção de conteúdo de forma colaborativa em texto e em hipertexto.

Conteúdo em texto

Os softwares de edição de texto como o Microsoft Word[1] ou o OpenOffice Writer[2] estão entre os principais recursos para desenvolvimento de conteúdo em texto. Ambos podem trabalhar com edições e reedições.

Com o Microsoft Word é possível revisar documentos enviados por outras pessoas a partir da opção *revisão*. É possível realizar revisões com comentários, editar os comentários, excluir e até realizar comentários por voz. Ao inserir um comentário, os outros participantes poderão aceitar ou rejeitar as alterações.

Existem também recursos que auxiliam no desenvolvimento colaborativo de conteúdo, que podem ser acessados de modo gratuito na Internet. Há editores de texto em que o autor pode compartilhar o desenvolvimento do conteúdo com outros autores. A partir de uma conta no Google, é possível utilizar um módulo denominado GoogleDocs.[3]

Desenvolvimento de texto por meio do Google Docs

Para desenvolver este caso, devemos abrir uma conta no Google. Você também pode criar uma conta através do endereço eletrônico <www.google.com/accounts>.

Experimento

O Google Docs é acessado a partir do link <docs.google.com>. A Figura 6.2 mostra o ambiente de entrada do recurso.

A partir dos itens marcados na Figura 6.2, um usuário [1] visualiza todos os documentos que desenvolveu ou que estão compartilhados com outro usuário [2]. Também é possível:

- Fazer pesquisas de conteúdo em toda a base [3];
- Abrir ou carregar arquivos do computador para este ambiente [4];
- Compartilhar o conteúdo [5];
- Organizar os arquivos em pastas [6];
- Identificar os documentos [7].

Vamos abrir o documento [8], que será visualizado na Figura 6.3, que exemplifica a construção de texto colaborativo [9] entre os autores deste livro.

A caixa 10 mostra que as opções para os documentos são similares aos editores de texto convencionais.

Construção de conteúdo 95

FIGURA 6.2 Página do Google Docs

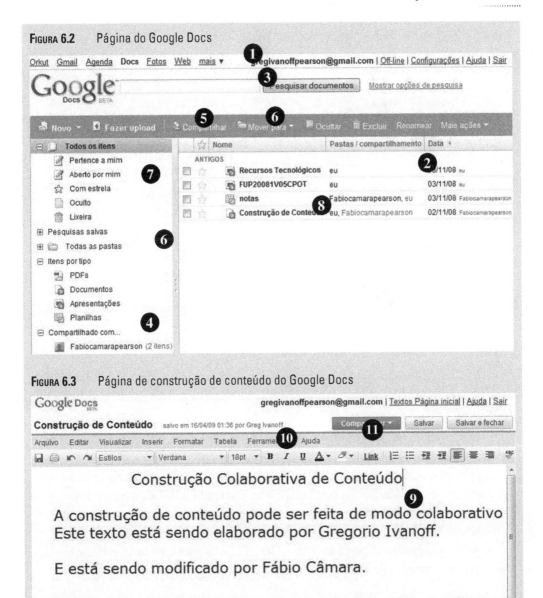

FIGURA 6.3 Página de construção de conteúdo do Google Docs

As opções de compartilhamento do texto [11] serão detalhadas na Figura 6.4.

Um dos usuários é o proprietário e criador do documento, portanto, ele também pode autorizar pessoas a ter acesso ao documento, sem que elas possam modificá-lo [12]. As pessoas terão acesso simples, sem poderem editar o conteúdo.

O recurso também possibilita permissões avançadas [13] e a visualização da quantidade de colaboradores e leitores [14].

Um usuário pode convidar até 200 pessoas — leitores e colaboradores — e autorizar até dez pessoas para editar ou visualizar a qualquer momento o documento produzido.

FIGURA 6.4 Opção *compartilhar documento* do Google Docs

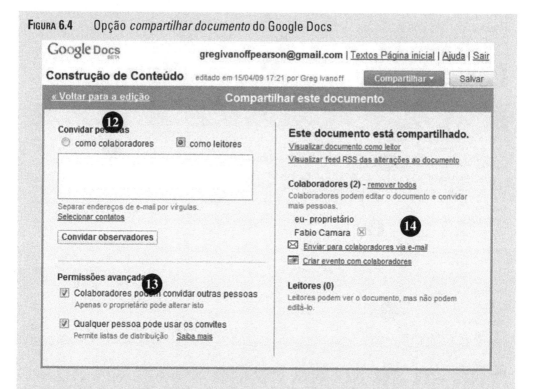

Conclusão

Este caso mostrou como é possível a construção colaborativa de conteúdo a partir do Google Docs.

O professor pode compartilhar os documentos com outros professores, em diferentes níveis, e possibilitar aos alunos visualizar o conteúdo dos documentos. É possível combinar essas possibilidades, com os mesmos recursos básicos de um editor de texto convencional.

A partir de agora você pode utilizar o Google Docs para construir textos e utilizá-los em sua estratégia de ensinar com informação e comunicação.

Experimente também!

- Abra uma conta no Google e elabore textos, compartilhando-os com seus colegas e alunos.
- Divulgue o resultado dessa experiência na comunidade no site de nosso livro (www.prenhall.com/camara_br).

Conteúdo em hipertexto

O conteúdo digital em formato multimídia, quando é interconectado, forma a estrutura que se convencionou chamar de hipertexto. Todas as páginas da Internet, conhecidas como Web, são exemplos de um sistema em hipertexto. As interconexões se denominam links.

A facilidade de navegação entre diversos textos, sons, vídeos e imagens, de modo rápido, dinâmico e interativo são atributos positivos dessa estrutura.

As interconexões formam uma rede que necessita de um sistema baseado em tecnologias de informação e comunicação para gerenciar os conteúdos publicados.

Um sistema de gestão de conteúdos em hipertexto permite integrar aplicativos que podem ser acessados pela Internet, facilitando a navegação entre links grandes, de difícil memorização. Também permite o registro de assuntos relevantes e a associação deles com as comunidades virtuais dedicadas ao estudo e pesquisa desses assuntos.

Destacamos um desses recursos, o Twiki, que é uma ferramenta que possibilita a várias pessoas criar e gerenciar o conteúdo de textos colaborativos.

O Twiki é um software de gestão de conteúdos em hipertexto, baseado em Web. Ele apoia a regulação de diferentes estruturas e processos e a representação de ambientes. Permite a integração, nas páginas Web, de uma grande variedade de programas. Não só facilita a execução de atividades como também viabiliza algumas operações simplificadas sobre dados e variáveis. Permite, por exemplo, a elaboração de listas, tabelas, cálculos e mapas de conteúdo (Ivanoff, 2006).

Construção de conteúdo por meio de uma organização virtual e um Twiki

A ILAnet é uma organização virtual de pesquisa e desenvolvimento, criada em 2003, que utiliza o recurso Twiki.

Essa organização tem como objetivo explorar, com uma abordagem interdisciplinar, as áreas de marketing, negócios, inovação aberta e redes de conhecimento. A ILAnet é o resultado direto de iniciativas de estímulo à pesquisa e desenvolvimento.

A operação da organização virtual é realizada exclusivamente por meio de uma interface organizacional. Os investimentos para a construção e operação da interface organizacional e da organização virtual são realizados desde meados de 1994, e incluem recursos financeiros privados, capital intelectual e relações com organizações, instituições e comunidades.

A aplicação dos recursos tem foco no desenvolvimento de diversas competências para produtividade e estratégias, envolvendo:

- Estratégias para pesquisa e desenvolvimento;
- Mudança, liderança e motivação;
- Mercado de gestão do conhecimento;
- Organizações visionárias em 360 graus;
- Coordenação de lógicas estratégicas críticas;
- Abordagens sociais em segurança de software.

Tecnologias que educam

A elaboração de programas, planos e projetos de pesquisa e desenvolvimento leva em conta as demandas do mercado, de organizações e de instituições interessadas.

Os integrantes da organização virtual estão principalmente dedicados a atividades de coordenação, integração e criação de conhecimento.

Os principais usos do Twiki na ILAnet são:

- Elaboração de agendas de atividades;
- Registro de conteúdos e referências relevantes;
- Refinamento de conteúdos e programas;
- Utilização de programas de apoio em páginas Web;
- Elaboração de perfis de participantes.

Experimento

O Twiki permite que haja um número limitado de pesquisadores editando e modificando o site. Uma das áreas da ILAnet se chama *Persona*, e está relacionada ao indivíduo. A Figura 6.5 mostra a página relacionada a Professores em Redes Sociais na área *Persona*.

Podemos identificar a página [1], que foi modificada por um usuário.

Na aba esquerda estão as opções principais de *Persona* [2], as áreas e Webs da ILAnet [3], os links principais de *Persona* [4] e o conteúdo da página [5].

Figura 6.5 Professores em Redes Sociais na área *Persona* da ILAnet

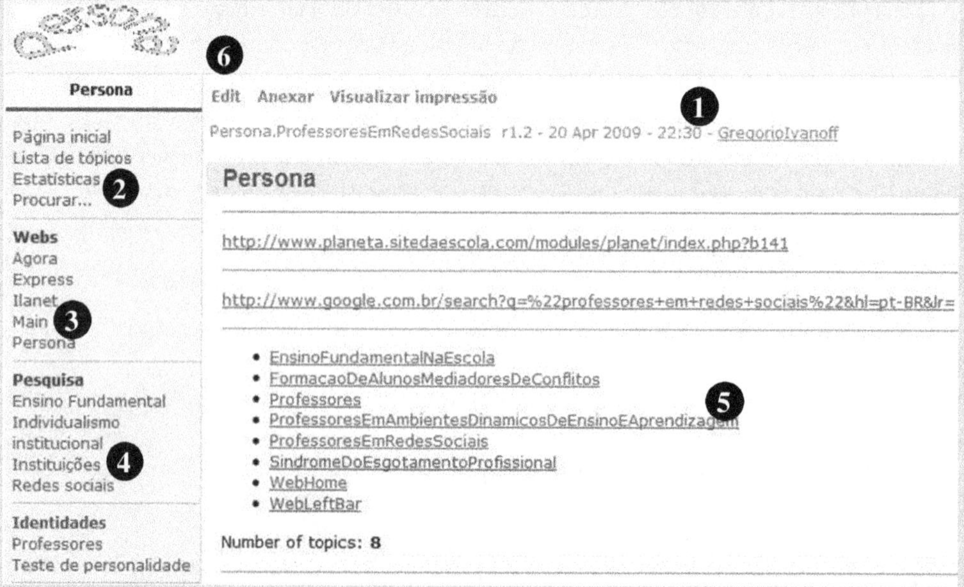

Construção de conteúdo 99

A partir do link *Edit* [6] poderemos acrescentar um conteúdo a essa página, como mostra a Figura 6.6.

Após inserir o conteúdo e salvar, a página é modificada, conforme mostra a Figura 6.7.

Agora a mesma página Professores em Redes Sociais aparece modificada por outro usuário [1] com o conteúdo que foi adicionado.

Assim como esse exemplo, a ILAnet foi desenvolvida a partir de uma construção coletiva de conteúdo utilizando os recursos do Twiki.

Conclusão

Este caso mostra possibilidades de construção coletiva de conteúdo, em que os professores podem replicar para o desenvolvimento de documentos em hipertexto.

Você pode criar um conjunto de Webs a partir do Twiki, designar quem poderá editar as páginas e organizar uma coleção de conteúdo pertinente a seu programa educacional e objetivos de ensino.

A partir de agora você pode utilizar o Twiki para construir documentos em hipertexto e utilizá-los em sua estratégia de ensinar com informação e comunicação.

Experimente também!

- Instale e configure um Twiki e o utilize para desenvolver conteúdo colaborativo com seus colegas.
- Compartilhe o resultado dessa experiência na comunidade no site de nosso livro (www.prenhall.com/camara_br).

FIGURA 6.6   Editando a página Professores em Redes Sociais

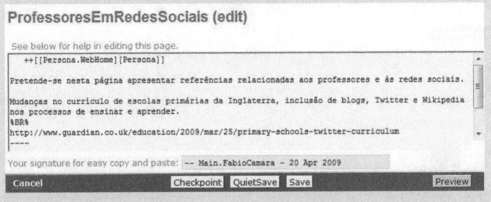

FIGURA 6.7   Modificando a página Professores em Redes Sociais

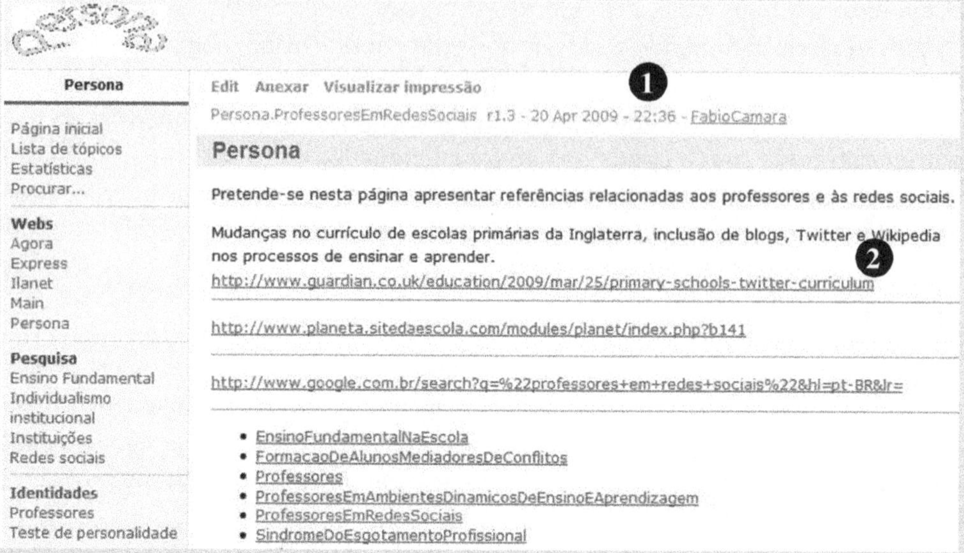

[figura da página web]

Planilhas eletrônicas

As planilhas eletrônicas funcionam baseadas em células. O software organiza as informações em linhas e colunas; cada célula pode receber um texto ou um valor. Esse formato propicia o uso de uma planilha para produção de tabelas, cálculos e gráficos.

Os softwares mais utilizados para produzir planilhas em microcomputador são o Microsoft Excel[4] e o OpenOffice Calc.[5]

Existem recursos que auxiliam no desenvolvimento colaborativo de planilhas de modo gratuito na Internet. Assim como nos editores de texto, um usuário pode compartilhar o desenvolvimento de planilhas com outros usuários. Utilizando uma conta do Google, é possível utilizar planilhas Google Docs.[6]

NA PRÁTICA
INFORMAÇÃO – APRENDER – COMUNICAÇÃO – com.com – ENSINAR

Desenvolvimento de planilha por meio do Google Docs

Assim como no caso anterior, foi preciso uma conta do Google. Você pode também pode criar uma conta através do endereço eletrônico <www.google.com/accounts>.

Experimento

O Google Docs é acessado a partir do link <docs.google.com>. A Figura 6.8 mostra o ambiente de entrada do recurso.

Construção de conteúdo **101**

FIGURA 6.8 Página do Google Docs

A partir dos itens marcados na Figura 6.8, o usuário [1] desenvolveu uma planilha de notas [2] e a compartilhou com outro usuário [3]. Clicando no link do arquivo [2] é aberta uma nova janela, como se pode visualizar na Figura 6.9.

Você pode notar que as opções e a barra de ferramentas [4] são comuns aos principais softwares de planilhas.

FIGURA 6.9 Janela da planilha eletrônica no Google Docs

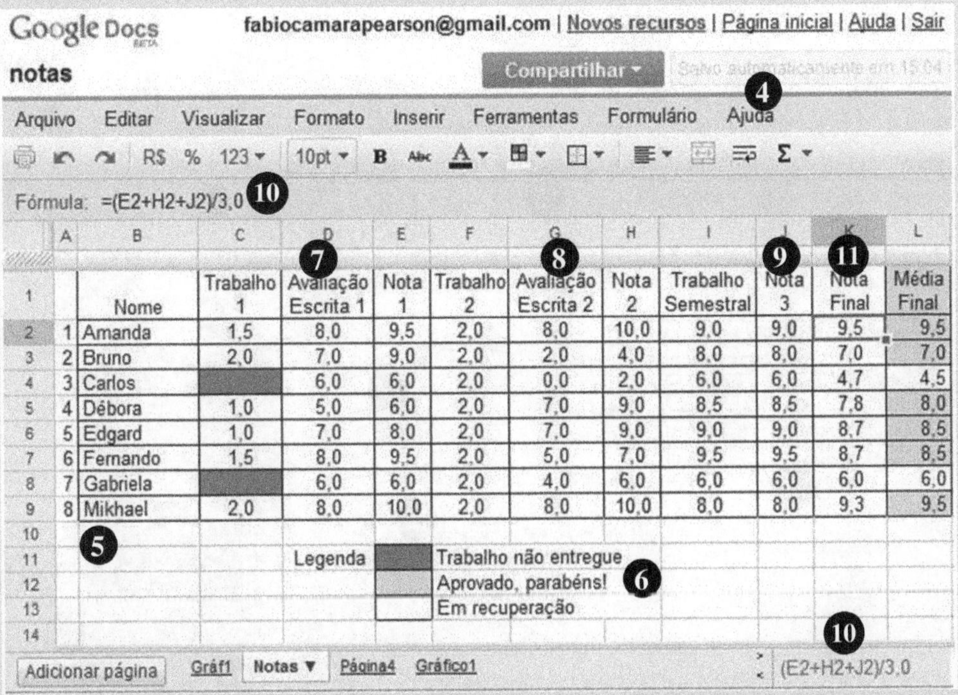

Criamos uma tabela de notas, com os nomes dos alunos e as notas de trabalhos e avaliações [5]. Colocamos uma legenda para facilitar o resumo das notas [6] atribuídas, que foram calculadas a partir de fórmulas. As notas 1 e 2 [7][8] foram calculadas a partir da soma dos trabalhos com as avaliações escritas, a nota final [9] é resultado da média aritmética das três notas [10]. A média final [11] corresponde ao valor arredondado da nota final.

Abrimos outra planilha (Figura 6.10) e copiamos somente a coluna com os nomes dos alunos e as médias finais [12].

Selecionamos a opção para fazer um gráfico, designamos o tipo [13], os dados [14] que queríamos obter, as opções [15] e os rótulos [16]. Automaticamente foi gerada uma pré-visualização [17] e pudemos salvar o gráfico [18], que aparece na Figura 6.11.

Assim que o arquivo foi gravado, o usuário teve acesso às alterações, como mostra a Figura 6.12.

O usuário, como professor da disciplina, compartilhou as informações com os alunos.

Este recurso também permite o compartilhamento das formas mostradas na Figura 6.13.

É possível convidar [19] qualquer pessoa digitando seu e-mail [20]. Essa pessoa pode apenas visualizar ou editar, com ou sem a necessidade de fazer *login* no Google Docs [21].

Além disso, é possível colocar um assunto [22] e mensagem [23], antes de enviar um e-mail [24] com o convite.

Figura 6.10   Média final dos alunos

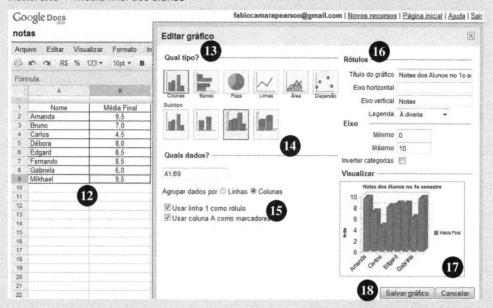

Figura 6.11 Gráfico de média final dos alunos

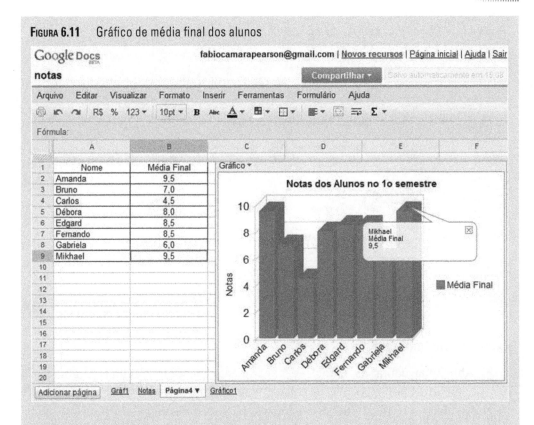

Figura 6.12 Página com informação compartilhada

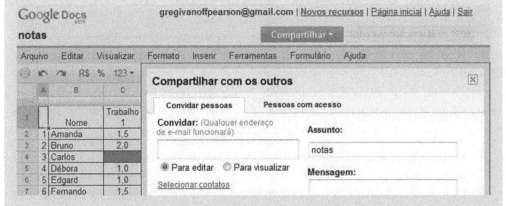

Conclusão

Este caso mostrou como é possível, a partir do Google Docs, construir planilhas e gráficos, além de compartilhar essas informações.

A partir de agora você pode utilizar o Google Docs para construir planilhas e empregá-las em sua estratégia de ensinar com informação e comunicação.

FIGURA 6.13   Página com informação compartilhada por convite

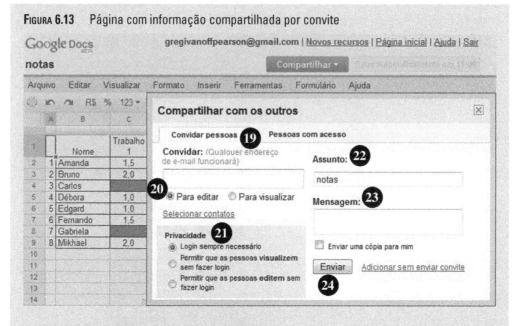

Experimente também!

- Abra uma conta no Google e experimente elaborar planilhas e gráficos, compartilhando-os com seus colegas e alunos.
- Divulgue o resultado dessa experiência na comunidade no site de nosso livro (www.prenhall.com/camara_br).

Apresentações e slides

Os recursos para apresentações são cada vez mais utilizados por professores. Eles possibilitam construir slides com textos, gráficos, imagens, som e acesso a vídeos.

Apresentações e slides devem auxiliar no desenvolvimento de uma ideia que está sendo apresentada, mas não podem tomar o lugar do professor. Existem algumas recomendações para a utilização dessas ferramentas:

- Procure listar o texto com uso de marcadores (como os que estamos utilizando nesta sequência).
- Utilize fontes legíveis, como Arial, Tahoma ou Verdana, com tamanho superior a 20.
- Evite colocar mais de oito linhas de texto. As pessoas não devem passar muito tempo lendo texto nos slides, mas sim prestar atenção à fala do professor ou do apresentador (a menos que se queira, deliberadamente, colocar o foco no texto).
- Seja claro! O texto do slide deve servir apenas como lembrete.
- Tenha sempre à mão fichas adicionais, caso esqueça de algum tópico. É preferível optar por esse recurso a carregar na apresentação, com textos muito extensos.

- Cuidado com a combinação das cores entre os textos e o pano de fundo. A apresentação final pode ter cores bem diferentes daquelas que aparecem na tela do computador, em função da qualidade do projetor de slides. Na maior parte das vezes, não haverá oportunidade para testar a apresentação. Projetores de marcas diferentes podem não refletir as mesmas cores que a tela do computador.
- Cuidado com imagens de má qualidade, elas podem prejudicar a apresentação.
- As imagens devem representar uma ideia e serem autoexplicativas. Cuidado com imagens que não representem o contexto da fala.
- Prefira utilizar imagens a textos. As imagens são mais fáceis de gravar e ficam guardadas na mente do espectador por mais tempo.
- Evite adaptar tabelas prontas ao texto. A importação pode acarretar fontes pequenas, além de carregar muito texto desnecessário, o que fará com que as pessoas fiquem lendo a tabela em vez de prestar atenção a sua fala.
- Quando for copiar objetos ou planilhas de outros aplicativos, procurar colar como figura, para não perder a formatação original.
- Se utilizar frases e objetos de outros autores, faça a devida referência no canto do slide.
- Lembre-se de que essa ferramenta existe para auxiliar na apresentação da ideia, mas pode atrapalhar caso tome a atenção do espectador. O foco deve estar sempre em você!

Da mesma forma que os documentos e planilhas, existem recursos pagos e gratuitos que auxiliam no desenvolvimento colaborativo de conteúdo.

Os softwares mais populares para apresentações em microcomputador são o Microsoft PowerPoint ou o OpenOffice Impress. Ambos podem trabalhar com edições e reedições, com vários autores.

Também há recursos gratuitos, em que o autor pode compartilhar o desenvolvimento da apresentação com outros autores. A partir de uma conta no Google, você pode utilizar um módulo no Google Docs para apresentações.

Desenvolvimento de apresentações por meio do Google Docs

Assim como nos casos anteriores, foi preciso uma conta do Google. Você também pode criar uma conta através do endereço eletrônico <www.google.com/accounts>.

Experimento

O Google Docs pode ser acessado a partir do link <docs.google.com>. A Figura 6.14 mostra o ambiente de entrada desse recurso.

FIGURA 6.14   Acesso ao Google Docs

A partir dos itens marcados na Figura 6.14, o usuário pode criar uma nova apresentação [1] ou abrir uma apresentação já feita. Ao clicar no link do arquivo [2], é aberta uma nova janela, como você pode visualizar na Figura 6.15.

É possível visualizar e editar o slide principal [3], ver a lista de slides [4], dispor dos principais recursos [5] dos softwares mais populares para apresentações, bem como inserir um slide ou importar [6] de outras apresentações já feitas no Google Docs ou através de outros softwares.

O usuário pode criar uma nova apresentação e desenvolvê-la junto com o outro usuário, como podemos verificar na Figura 6.16.

FIGURA 6.15   Janela da Sociedade Brasileira de Gestão do Conhecimento

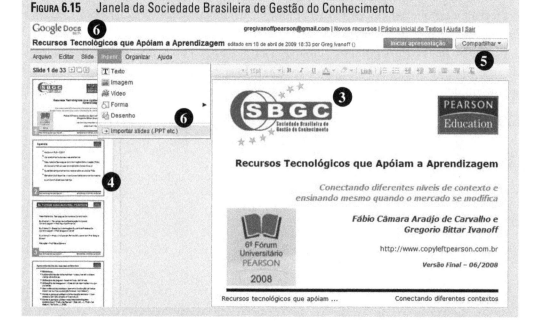

Construção de conteúdo 107

FIGURA 6.16 Janela do 7º Fórum Universitário Pearson

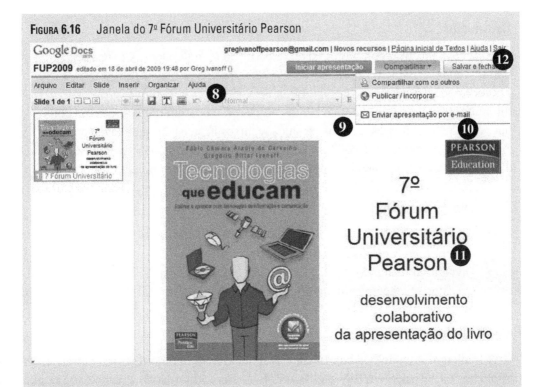

Ao criar a nova apresentação, o usuário pode inserir [8] imagens [9][10] que estão armazenadas no computador, escrever [8] textos [11], enviar a apresentação por e-mail, publicar na Internet ou compartilhar com outro usuário, que pode construir colaborativamente a apresentação, a partir de seu painel [13], como mostra a Figura 6.17.

FIGURA 6.17 Página de compartilhamento do Google Docs

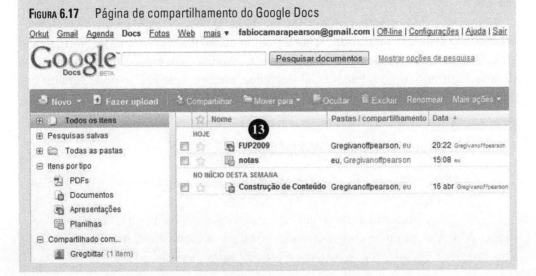

Conclusão

Este caso mostrou como é possível, a partir do Google Docs, a construção colaborativa de apresentações e slides.

Você pode desenvolver e compartilhar apresentações com outros professores, em diferentes níveis, possibilitar aos alunos visualizar o conteúdo dos slides, ou combinar várias possibilidades, com os mesmos recursos básicos das apresentações.

A partir de agora, você pode utilizar o Google Docs para construir apresentações e utilizá-las em sua estratégia de ensinar com informação e comunicação.

Experimente também!

- Abra uma conta no Google e experimente elaborar apresentações e compartilhá-las com seus colegas e alunos.
- Divulgue o resultado dessa experiência na comunidade no site de nosso livro (www.prenhall.com/camara_br).

Enciclopédias virtuais

As tradicionais enciclopédias Barsa e Britânica, assim como diversas outras, estão disponíveis na Internet, em formato digital. Elas oferecem uma área de acesso gratuita e uma área paga.

A mais famosa enciclopédia da Internet se chama Wikipédia (disponível no site <www.wikipedia.org>). Criada em 2000, está disponível em mais de 250 idiomas e dialetos e conta com mais de 7 milhões de artigos. A Wikipédia foi desenvolvida por meio de contribuições de pessoas comuns e de comunidades ao redor do mundo, com o conceito de desenvolvimento colaborativo de conteúdo, baseado na confiança nas fontes e nos colaboradores.

Esse critério, no entanto, faz com que seu conteúdo nem sempre tenha credibilidade. Há casos de distorção da realidade, por descuido ou até mesmo por má-fé. Normalmente, determina-se nos meios acadêmicos que, na dúvida, o conteúdo da Wikipédia não deve ser utilizado como referência bibliográfica, uma vez que não se pode garantir que a informação seja totalmente verídica.

O que fazer com a Wikipédia?

A confiança na veracidade das informações na Internet é um desafio permanente e uma questão a ser debatida.

Ninguém garante que os conteúdos publicados no Google, no Youtube, no Flickr ou em outras fontes são verídicos ou confiáveis, mesmo vindos de instituições e organizações existentes e estabelecidas na sociedade.

Construção de conteúdo 109

Em relação à Wikipédia, entendemos que ela pode ser um ponto de partida para algumas pesquisas. A determinação do que é realmente verdadeiro deve ser realizada por meio de referências (livros, artigos) reconhecidas e institucionalizadas.

1º Experimento

Realizamos uma busca na Wikipédia sobre o filósofo Karl Marx, como podemos observar na Figura 6.18.

Esse artigo traz um bom resumo da vida e obra de Karl Marx. A questão é: podem-se confirmar essas informações? Sim. O professor que trata desse tema deve conhecer os caminhos e referências para o aluno trabalhar no que precisa com segurança.

2º Experimento

Realizamos uma busca na Wikipédia sobre o tema *valor agregado*, conforme Figura 6.19.

A partir dessa pesquisa, algumas questões podem ser feitas: *valor agregado* é o mesmo que *valor econômico adicionado*? Esse conceito pode ser mesmo representado na categoria *macroeconomia*?

Mais uma vez, cabe ao professor conduzir o processo e determinar as fontes necessárias para que os alunos confirmem as informações pesquisadas.

FIGURA 6.18   Página sobre Karl Marx na Wikipédia

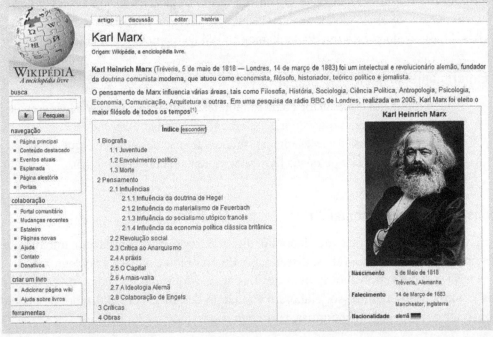

FIGURA 6.19   Página da Wikipédia sobre o conceito de valor agregado

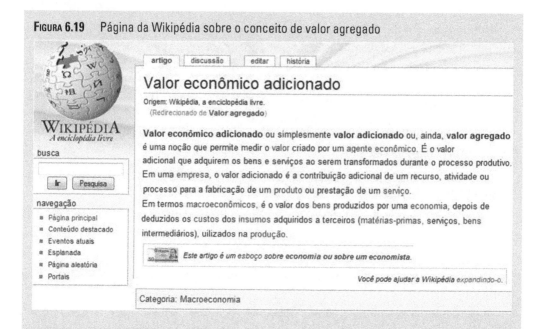

Conclusão

Normalmente os alunos partem da Wikipédia porque julgam 'mais fácil' encontrar os conceitos. O professor é responsável por indicar os caminhos para fazer com que o processo de ensinar e aprender seja realizado em bases sólidas e com credibilidade.

O próprio professor pode contribuir com a enciclopédia Wikipédia, no sentido de adequar melhor os conceitos que ele entenda não serem verdadeiros. Foi assim que esse recurso teve início e continua crescendo, por meio de contribuições e colaborações. Desse modo, talvez um dia tenhamos na Wikipédia uma referência.

Experimente também

- Identifique um tema histórico de seu interesse e navegue pela Wikipédia. Veja como você poderá utilizá-lo nas estratégias de ensinar e aprender.
- Verifique o quanto foi relevante o resultado de suas pesquisas e compartilhe na comunidade no site de nosso livro (www.prenhall.com/camara_br).

Construção ética de conteúdo

Existem sites na Internet que elaboram, disponibilizam e comercializam trabalhos de disciplinas, cursos, monografias, dissertações de mestrado e até teses de doutorado.

Os sites expõem trabalhos com as devidas notas adquiridas e vendem esses 'produtos'. Outros sites, além disso, elaboram e vendem de modo personalizado, de acordo com o tema, problemas de pesquisa, entre outras questões acadêmicas.

NA PRÁTICA

Discussão a respeito de sites que comercializam trabalhos

O Fórum Universitário Pearson é um evento realizado pela editora Pearson, em algumas capitais do Brasil, para que professores possam debater a respeito de alguns temas atuais.

Na 5ª edição desse evento, realizada em 2007, tivemos uma mesa-redonda coordenada pelos autores deste livro e os professores Maurício Pimentel e Sérgio Storch, com o apoio da Sociedade Brasileira de Gestão do Conhecimento (SBGC). O tema debatido foi tecnologias de apoio ao aprendizado.

Em dado momento da discussão, veio à tona a questão dos trabalhos copiados e do plágio.

Mesmo sendo mais fácil, atualmente, identificar trechos completos de trabalhos copiados (por meio de buscas no Google, entre aspas), não é papel principal do professor gastar mais tempo buscando saber se um trabalho é ou não copiado do que avaliando o conteúdo efetivo do texto.

Uma das alternativas — que está longe de ser a solução — foi a seguinte: solicitar aos alunos que busquem os trabalhos já realizados sobre determinados assuntos e, a partir daí, pedir para que elaborem uma análise crítica e façam uma comparação entre esses trabalhos. Enfim, o intuito é promover um confronto de ideias, trabalhar com o que já foi construído.

Outra possibilidade sugerida no evento foi motivar os alunos a construir conteúdo a partir dos caminhos já iniciados pelos trabalhos e indicados pelo autor. Alguns programas educacionais exigem que haja uma seção nos trabalhos acadêmicos indicando possibilidades de trabalhos futuros. Nessa linha, o professor pode indicar as rotas para seus alunos trilharem.

Pelos casos apresentados até aqui, podemos perceber que há muito conteúdo construído e à disposição na Internet, com diferentes níveis de qualidade, oscilando de alto a baixíssimo.

Podemos explorar a capacidade dos alunos para diferenciarem o que é bom ou ruim em relação ao que já existe. Por exemplo, se os temas são *gestão da qualidade* ou *empreendedorismo*, existem livros com conceitos e muitos trabalhos já desenvolvidos com esses temas. Promover aos alunos um avanço sobre o que já existe pode motivá-los a recriar conteúdo, avançar sobre o que já foi feito antes por outras pessoas e caminhar no sentido de uma construção ética de conteúdo.

Alguns recursos tecnológicos já permitem a identificação de conteúdo com níveis de plágio. Trataremos de um desses recursos.

NA PRÁTICA

Detecção de plágio por meio de recursos de tecnologia de informação e comunicação

No caso anterior, demos exemplo de professores que utilizam o Google para detectar plágios de construção de conteúdo.

Normalmente é exigido do aluno o texto eletrônico e partes dele são colocadas no recurso de busca. Se o conteúdo já tiver sido publicado, normalmente aparece como link nos primeiros resultados da pesquisa no Google.

Outra forma está relacionada à comunicação entre os professores, promovida pela discussão em grupos virtuais ou troca de bases de informação de trabalhos acadêmicos.

Algumas instituições educacionais utilizam tecnologias de informação e comunicação de uma empresa denominada Blackboard. Essa empresa desenvolveu o recurso SafeAssign, que identifica, por exemplo, potencial de uso indevido de textos a partir de um banco de dados de trabalhos já produzidos. O aluno submete o trabalho a esse recurso e ele indica ao professor um relatório que facilita a identificação de possíveis atos indevidos.

Se, por um lado, a Internet facilita a construção não ética, por outro, também facilita a detecção do delito.

Algumas empresas estão oferecendo recursos ao professor no sentido de salvaguardar a construção ética de conteúdo.

É possível construir conteúdo a partir de conhecimento já existente. Essa é uma situação real e cabe ao condutor do processo de ensino/aprendizagem admitir esse fato e elaborar estratégias para minimizar seus malefícios e trabalhar com o positivo, que é a construção do conhecimento de quem aprende e apreende.

Entendemos que esta pode ser uma abordagem construtiva. Não se pode negar o que já existe, pode-se aprender com isso e criar algo que ainda não foi feito, nem que seja uma interpretação escrita do que foi lido ou 'comprado'.

Por questões éticas e judiciais, esses sites não serão expostos claramente, mas basta uma consulta básica no Google com as palavras-chave 'monografias trabalhos prontos' para identificá-los.

Considerações finais

Fechamos este capítulo e a segunda parte do livro com mais recursos da Internet que podem nos auxiliar nos processos de ensinar e aprender.

Os casos ilustram estratégias de como utilizar esses recursos para construção de conteúdo utilizando tecnologias de informação e comunicação.

Entendemos que essa construção também pode envolver o uso de práticas que estudamos nos capítulos 4 e 5. Desejamos que esses recursos e casos sejam aproveitados no

Construção de conteúdo **113**

aprimoramento de suas estratégias de ensinar e aprender. Compartilhe suas experiências em nossa comunidade.

Notas

1 Disponível em: <http://office.microsoft.com/pt-br/word/FX100487981046.aspx>. Acesso em: nov. 2008.

2 Disponível em: <http://www.openoffice.org/product/writer.html>. Acesso em: nov. 2008.

3 Disponível em: <http://www.google.com/google-d-s/intl/pt-BR/tour1.html>. Acesso em: nov. 2008.

4 Disponível em: <http://office.microsoft.com/pt-br/excel/default.aspx>. Acesso em: nov. 2008.

5 Disponível em: <http://www.openoffice.org/product/calc.html>. Acesso em: nov. 2008.

6 Disponível em: <http://www.google.com/google-d-s/intl/pt-BR/tour1.html>. Acesso em: nov. 2008.

PARTE
3

O processo de ação na prática

Que estranha prática se nos aparece, quando refletimos sobre isso, ver um homem sentar--se a sua mesa de almoço e, em lugar de conversar com a esposa e os filhos, segurar diante de seus olhos uma espécie de tela, na qual estão escritos todos os boatos do mundo.

Este foi o comentário que o sociólogo norte-americano Charles Horton Cooley[1] teceu, em 1909, a respeito do jornal impresso em papel. Esse produto de tecnologia de impressão de textos acabava de surgir e estava se disseminando amplamente naquela época.

Cem anos depois, convivemos com tecnologias antes impensáveis no dia a dia e aprendemos a navegar por novos espaços virtuais criados pela mente humana.

Compartilhar conhecimentos, estratégias e ferramentas de ensino significa levar em conta os diferentes contextos para ensinar e aprender, incluindo culturas, valores e linguagens.

Nos capítulos anteriores, apresentamos práticas de ensinar e aprender para a utilização de bases de dados e informações, comunicação e interação e construção de conteúdo. Nosso objetivo foi integrar iniciativas para avançar no uso de tecnologias para uma mudança sustentável nos processos educacionais.

Criamos o nosso navegador para explorar as práticas que identificamos, contextualizando-as e apresentando-as em interação com as demais práticas.

Conforme observado por Strauss e Corbin (1998), buscamos também traçar a frequentemente intricada rede de conexões que existe entre fatores contextuais (estrutura) e ações/interações (processo).

Entendemos que diferentes contextos se estabelecem a partir dos valores da educação, da informação e da comunicação. Entendemos que esses campos se estabelecem com professores, alunos e agentes educativos no centro de processos de ação e decisão.

Apresentamos nosso ponto de vista considerando que professores e alunos estão envolvidos na seleção de alternativas, na busca por maior congruência e na mudança organizacional e sustentável.

Pensamos que a organização é uma riqueza, como observa Toro (2006). Ela converte os indivíduos em atores sociais e faz convergir interesses. Se não estamos organizados, somos indefesos frente ao todo social, e somos incapazes de proteger nossos próprios interesses.

Ensinar é mais que transmitir informações. Como ensina Maggi (2006), o valor envolvido no processo de aprendizagem é o de aprender no sentido de *ajudar a aprender* e de *aprender a aprender*.

Saberes, capacidades, atitudes e maneiras de ver passam de um sujeito para o outro, mas não porque são transmitidos. Trata-se de um compartilhamento, devido a uma ação de aprendizagem. A aprendizagem pode ser apoiada, mesmo que não seja indispensável, pelas múltiplas formas daquilo que chamamos de ensino.

Ensinar e aprender com tecnologias de informação e comunicação é nossa categoria central de trabalho. A ela estão ligadas todas as demais categorias abordadas nos capítulos anteriores: práticas, rotas e experimentos.

Nesta última parte de nosso livro, faremos uma reflexão sobre os desafios permanentes representados pelo avanço das novas tecnologias e sobre as oportunidades e perspectivas que se abrem com essas mudanças de paradigma.

Também passamos a descrever experiências concretas de programas de estudo e práticas educacionais que incorporam as novas tecnologias, começando com aulas e avançando em direção a sistemas e organizações mais complexos.

Explorando novos ambientes e novos programas educacionais, esperamos ter cumprido a missão que estabelecemos de ensinar e aprender com tecnologias de informação e comunicação, em busca da produção de novos conhecimentos.

Nota

1   COOLEY, Charles H. *Social organization*. Nova York: Charles Scribner's, 1909.

7 Explorando o ambiente educacional: desafios e oportunidades

No direcionamento das tecnologias de informação e comunicação para a educação, precisamos identificar a melhor forma de alinhar a motivação dos alunos e agentes educativos com os objetivos de aprendizagem.

As tecnologias estão à disposição de todos e os alunos cada vez mais se apropriam delas, o que cria grandes oportunidades para o professor. Esse é o grande desafio dos processos educativos contemporâneos.

Preciso seguir quem me segue?
O Twitter é uma rede social que publica mensagens de texto curtas, em tempo real, que podem ser acessadas por computadores, palmtops ou celulares. Também pode ser descrito como um serviço de microblog. No Twitter, seguimos pessoas que postam coisas do nosso interesse.[1] Não é necessário seguir todos os seus seguidores!

As tecnologias representam oportunidades e o professor deve saber explorar essas oportunidades.

Algumas instituições adotam a estratégia de treinar tutores para auxiliar o professor na utilização das tecnologias.

É importante observar que alguns dos desafios criados pelas novas tecnologias estão fora do alcance do professor, como possibilitar a inclusão tecnológica dos alunos, conservar o ambiente tecnológico em funcionamento e manter o investimento em tecnologias. Esse é um papel que cabe ao Estado e às instituições de ensino.

Um novo currículo por competências e habilidades
As novas propostas curriculares tendem a dar mais liberdade para o professor na elaboração de suas aulas. No Reino Unido, com as novas propostas de revisão do currículo do ensino fudamental, as crianças já não terão de focar os estudos na Era Vitoriana ou na Segunda Guerra Mundial. Os planos são de que as crianças aprendam a utilizar o Twitter, a Wikipédia, blogs e podcasts como fontes de informação e formas de comunicação. As seis novas áreas do ensino fundamental são: (1) inglês, comunicação e linguagens, (2) matemática, (3) conhecimentos científicos e tecnológicos, (4) ciências humanas, sociais e ambientais, (5) saúde e bem-estar e (6) artes e design.[2]

Não menos importante é destacar que o processo de ensinar e aprender não se limita à sala de aula. Em qualquer ambiente e contexto, esse processo pode ser explorado.

Um caso sobre sustentabilidade

Vamos analisar um caso hipotético de interação educacional com o tema *sustentabilidade*. Na simulação que vamos fazer, Amanda é aluna de curso superior e estuda no período noturno. Trabalha durante o dia em uma empresa de serviços de telemarketing como auxiliar administrativa.

- Primeiro programa de ensino: Enquanto se prepara para ir ao trabalho, Amanda assiste ao noticiário matinal da televisão, que traz uma matéria sobre sustentabilidade. No trânsito, ao se deslocar para a empresa, presta atenção ao noticiário do rádio buscando outras matérias sobre sustentabilidade. A aula dessa noite tratará do assunto. Durante o dia, aproveita um intervalo e faz pesquisas em um site de busca na Internet, verificando textos que tratam sobre o tema; faz uma breve leitura e vai para a aula. Chegando à sala de aula, Amanda já dispõe de algumas informações obtidas durante o dia e questiona o professor sobre encaminhamentos de trabalhos. O professor orienta Amanda para uma busca mais específica e focada, que ela fará utilizando a Internet. Amanda utiliza as tecnologias de informação e comunicação para desenvolver um entendimento mais amplo sobre o conteúdo abordado em sala de aula. Pode fazer pesquisas e conversar com o professor em melhores condições que no passado, quando esses recursos eram inexistentes.
- Segundo programa de ensino: Um segundo exemplo pode considerar a situação em que Amanda está fazendo um curso a distância. Ela recebe um CD contendo informações sobre o curso, o programa, o material e um endereço para acesso à Internet. Ao acessar a Web, inicia o curso que é dedicado à aprendizagem de sustentabilidade. No decorrer do curso, ela dispõe de sugestões para buscar artigos, trabalhos acadêmicos e informações jornalísticas, de modo a poder formular novas ideias, realizar trabalhos e escrever sobre o tema com melhores argumentos.
- Terceiro programa de ensino: Em um terceiro exemplo, Amanda deve elaborar uma apresentação sobre sustentabilidade. Ela vai à Internet e busca artigos, trabalhos acadêmicos, notícias e, a partir dessas informações, consegue resumir o que foi registrado sobre sustentabilidade.

Nos três casos, o uso das tecnologias de informação e comunicação representa avanços e melhorias no processo de aprendizagem.

No primeiro programa, a mediação é do professor. No segundo, a mediação ocorre por meio da tecnologia, e no terceiro, aluno e professor produzem a organização.

O desafio da transdisciplinaridade e as tecnologias da Internet

O modelo educacional predominante no século XX se baseou no ensino de um conjunto de disciplinas aparentemente desconectadas entre si, o que era denominado *modelo multidisciplinar*.

Ensinar e aprender, atualmente, não é mais visto como um processo realizado de forma compartimentada, separado por disciplinas e módulos não integrados.

Integrar as disciplinas dos programas e cursos deve levar em conta o desejo de ter um conhecimento que religue as partes ao todo e, evidentemente, o todo às partes, como observa Morin (1999).

Já no final do século XX, começavam a se difundir as ideias de pluridisciplinaridade, interdisciplinaridade e transdisciplinaridade.

A diferença está basicamente no conceito de cooperação e coordenação. A emergência da transdisciplinaridade se deve ao fato de que as pessoas e os contextos estão cada vez mais conectados uns com os outros.

A Figura 7.1 mostra o modelo de transdisciplinaridade apresentado por Jantsch e Bianchetti (1995).

A base de funcionamento da Web é transdisciplinar. Pode-se utilizar como exemplo a maior enciclopédia virtual, a Wikipédia, em que há como navegar entre diferentes conceitos relacionados aos diversos campos do conhecimento gerado pela humanidade. Encontram-se milhões de artigos e definições em vários idiomas interligados pelo conceito de hipertexto.

Figura 7.1 Modelo de multidisciplinaridade, interdisciplinaridade, pluridisciplinaridade e transdisciplinaridade, de Jantsch e Bianchetti (1999)

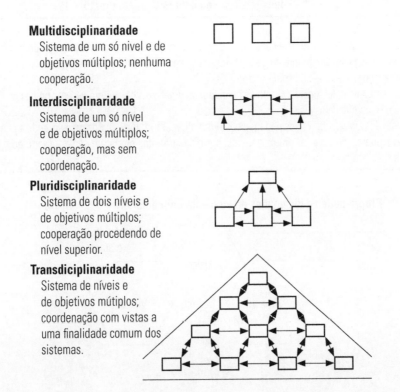

A ideia de aprender navegando por várias disciplinas, realizando as conexões necessárias, tem uma grande afinidade com tecnologias utilizadas na Internet. Ensinar e aprender é um processo que deve levar em conta essas ferramentas como apoio à aprendizagem em direção à transdisciplinaridade — conceito que baliza os objetivos da educação nacional e as necessidades do mercado e da sociedade.

O processo de ensinar e aprender deve buscar atingir objetivos pedagógicos em contextos mais complexos.

Dimensões do ambiente educacional

Vamos abordar a questão do ambiente educacional para ensinar e aprender com tecnologias de informação e comunicação.

O ambiente educacional pode ser virtual, mental, físico e social.

Primeiro, devemos destacar algumas de suas propriedades e dimensões, conforme indicado na Figura 7.2. Acreditamos que outras podem eventualmente ser lembradas.

Essas propriedades e suas dimensões permitem imaginar múltiplas possibilidades de ações e interações.

Em alguns casos, estamos descrevendo um programa educacional conduzido quase que integralmente com o apoio do computador, compreendendo exercícios objetivos, conteúdos mais estáveis, sem interação entre os participantes e com serviço de apoio a dúvidas.

A dimensão virtual do ambiente educacional
Até a popularização da Internet, a partir de 1996 no Brasil, os ambientes virtuais eram limitados a relações por tecnologias como telefonia, televisão, rádio e redes de computadores (limitadas a empresas de médio e grande porte). As pessoas aprendiam pela interação com outras pessoas pelo telefone, por um telecurso ou pelas conversações via redes de computadores.
A Internet neste início de século XXI tem se revelado um gigantesco ambiente virtual onde as pessoas interagem e se comunicam.
É importante estabelecer objetivos pedagógicos e trabalhar estratégias de ensino e aprendizagem em ambientes virtuais. Ferramentas atualmente disponíveis e gratuitas permitem ao professor e ao aluno usufruir dessas oportunidades.

FIGURA 7.2   Propriedades e dimensões do ambiente educacional

Em outros casos, temos métodos de ensinar e aprender que utilizam a aprendizagem pela resolução de problemas, sem a formalização de disciplinas, com aulas presenciais, com grande interação entre os participantes e sem serviços específicos, além daqueles fornecidos em sala de aula.

> ### A dimensão mental do ambiente educacional
>
> Quando processamos nossas ideias e fazemos relações e combinações de conhecimentos adquiridos, estamos em nossos espaços mentais.
> A aprendizagem nesse ambiente pessoal e interno inclui pensar, meditar, refletir, assimilar ideias e buscar os próprios conceitos em relação a outras pessoas, objetos e até em relação à sociedade.
> Nessa dimensão, o ensinar e aprender pode estar conectado com decisões de busca do autoconhecimento para a satisfação de necessidades individuais.

Muitas técnicas de sala de aula precisam ser repensadas. Sugerir que as pessoas discutam um tema, durante certo tempo, sem estudo prévio é possível com a utilização de tecnologias de informação e comunicação.

É importante, nesses casos, levar em consideração que, da mesma forma que agem quando estão juntas fisicamente, as pessoas adotarão e produzirão regras para permitir o desenvolvimento do exercício.

> ### A dimensão física do ambiente educacional
>
> A interação individual com objetos físicos favorece o ensinar e aprender.
> Ao indicar exercícios em um livro, o professor promove a autonomia para a execução da atividade. O aluno pode escolher a estratégia de utilizar um espaço físico (a própria casa ou uma biblioteca) para as ações e interações com o objeto indicado.
> Uma atividade individual de geografia pode encaminhar o aluno na busca de localizações e roteiros, em que ações e interações podem envolver objetos (guias e mapas) e espaços, como a identificação do próprio bairro ou de ruas na cidade. Nesse caso, o objetivo é estabelecido pelo professor e o aluno adota as estratégias para o aprendizado de localizações e roteiros.
> Em um curso de gastronomia, o professor indica ao aluno em um livro a composição de uma nova receita. O aluno necessitará desenvolver estratégias de ação e interação para realizar a atividade que o professor requisitou.
> A dimensão física do ambiente educacional é reforçada por meio da promoção da autonomia.

Como sempre, algumas regras serão produzidas anteriormente à ação; outras serão definidas durante a discussão. Algumas regras serão internas, outras externas.

Finalmente, algumas regras serão regulamentos e outras serão regulações de alternativas que as pessoas selecionarão durante as atividades.

Essa produção de regras pode ser entendida como a organização que as pessoas estabelecem para lidar com a aprendizagem.

Em seu estudo sobre as concepções da formação, Maggi (2006) apresenta um resumo identificando três pontos de vista fundamentais sobre o que seria a formação:

- Na lógica do sistema, uma sequência de atividades heterogêneas entre as quais uma, a atividade de formação, é central; as outras, que a precedem ou a seguem, são funcionais em relação a ela;
- Na lógica do ator, um desenvolvimento de reflexão, de pensamento, de tomada de consciência, realizado em um meio de formação formalizado e separado do agir cotidiano;
- Na lógica do agir, um curso de ações e decisões orientadas, ao mesmo tempo, interno à, e suporte da auto-organização de um processo de ação social mais amplo.

É importante notar que Maggi (2006) considera a confrontação entre os diferentes pontos de vista enriquecedora, conforme alerta Larte Idal Sznelwar, na introdução à obra.

A dimensão social do ambiente educacional
Na dimensão social, a interação do indivíduo se estabelece com outros indivíduos, podendo ou não haver a presença de objetos. Os objetivos e estratégias de aprendizagem são definidos no coletivo. Os ambientes mental e físico da forma como mencionamos são pouco citados quando comparados ao ambiente social. A cultura ocidental valoriza muito o aprendizado no ambiente coletivo. Quando falamos de ambientes mental e físico, verificamos o indivíduo aprendendo consigo e com objetos. No ambiente social, as relações entre as pessoas são fundamentais. Em discussões entre pessoas, a tecnologia pode ser facilmente dispensável. Paulo Freire, um dos maiores educadores do século XX, afirmava que ninguém ensina nada a ninguém, pois "ninguém liberta ninguém, ninguém se liberta sozinho: os homens se libertam em comunhão" (FREIRE, 2000). Freire foi um idealista da pedagogia da libertação. Seu trabalho tem grande associação com objetivos e estratégias de aprendizagem no ambiente social, por meio de ações e interações entre as pessoas. É muito comum estabelecer em sala de aula práticas de trabalho em grupo, em que o professor designa temas e objetivos e os alunos recebem autonomia para realizar as atividades que comporão o trabalho. Essa prática é um exemplo clássico de ambiente social dirigido a partir da sala de aula. Há possibilidades de aprendizagem no ambiente social que muitas vezes são pouco aproveitadas e exploradas pelas escolas e faculdades. Essas atividades estão relacionadas à participação dos alunos em congressos, seminários e palestras. Também, quando se trata de crianças e jovens alunos o aprendizado no ambiente coletivo, principalmente durante o período de férias, poderia ser mais valorizado por escolas e professores. Seria interessante haver maior interação entre o ambiente social da escola com o ambiente externo à escola.

As tecnologias de informação e comunicação oferecem muitas possibilidades de ambientes educacionais. Essas possibilidades devem ser levadas em conta na elaboração e na avaliação de resultados de programas educacionais.

O livro aberto

Entendemos que a imagem de um livro aberto é algo muito poderoso. Ao construir conteúdo, podemos deixar vários documentos abertos, na mesa e no computador; enquanto refletimos sobre suas propostas, também. Um conteúdo consistente pode exigir facilmente mais de uma dezena de janelas abertas em programas e aplicativos.

Além de livros, artigos e janelas em buscadores, portais e outros aplicativos, ainda temos espaço para anotações nos editores de texto e em folhas avulsas para lembretes e rascunhos.

É nesses momentos que buscamos a congruência entre tantas alternativas e a regulação do processo de ações e decisões que nos permite organizar reflexões e enriquecer nossos resultados.

A imagem de um livro aberto nos permite avançar nessas ideias.

O livro está aberto, pois está sendo consultado para aprofundarmos nossas reflexões. Também está aberto a sugestões, a novas propostas, ao debate e, ainda, a mais reflexões, como sugerimos ao final de cada caso na Parte 2.

Propomos o compartilhamento de ferramentas, experiências e estratégias. É de se imaginar que esse compartilhamento leve em conta os diferentes contextos para ensinar e aprender, incluindo cultura, valores, linguagem e espaços.

Também temos que levar em conta o apoio das partes interessadas, que nem sempre estarão diretamente envolvidas em ensinar e aprender.

Finalmente temos as pessoas e seus comportamentos sempre particulares de organização. Afinal, todo mundo sempre tem alguma história para contar e alguma contribuição a fazer.

Notas

1   "Twittequeta: saiba regras de boas maneiras na nova febre da Internet". Disponível em: <http://tecnologia.uol.com.br/ultnot/2009/03/30/ult6038u7.jhtm>. Acesso em: abr. 2009.

2   Disponível em: <http://www.guardian.co.uk/education/2009/mar/25/primary-schools-twitter--curriculum>. Acesso em: abr. 2009.

8 A aula aberta

As ferramentas eletrônicas e baseadas em Internet estão cada vez mais contextualizadas em ambientes colaborativos.

Desde o início da utilização da Internet comercial, as pessoas vêm compartilhando informações pessoais, documentos de trabalho, arquivos de várias características e contextos, e se comunicando por meio de salas de bate-papo ou sites de relacionamento.

Essas ferramentas de colaboração são utilizadas por seus aspectos sociais e também econômicos.

Os aspectos sociais envolvem, basicamente, os relacionamentos que essas ferramentas proporcionam — exposição pública, participação em comunidades específicas, busca e publicação de informações de interesse pessoal e coletivo.

Os aspectos econômicos estão associados às atividades profissionais, divulgação de currículos, à compra e venda de bens e serviços, bem como à busca de informações e pesquisas sobre produtos, mesmo que apenas para comparar preços.

Nossos alunos estão situados de modo destacado nesse cenário. Eles participam ativamente na utilização dessas ferramentas multimídia e aprendem com elas e por meio delas, dentro e fora da sala de aula.

Quanto mais nova é a geração, mais intensivo é o uso de tecnologias para diversão e para aprendizagem, tanto formal quanto informal.

O perfil do aluno atual pode ser denominado de multitarefa. Um jovem multitarefa é capaz de, ao mesmo tempo:

- Alimentar-se;
- Falar ao celular;
- Digitar uma frase em uma janela de bate-papo na Internet;
- Ouvir a bronca da mãe pelo fato de o volume do som estar muito alto.

Por incrível que pareça, ele faz tudo isso ao mesmo tempo! A quantidade de informações é muito grande e os alunos se habilitam a processá-las e selecioná-las rapidamente, dentro de seu sistema de valores.

Vamos apresentar, neste capítulo, programas educacionais que fazem uso integrado de novas tecnologias, e que são resultado da iniciativa conjunta de vários professores, alunos e agentes de diferentes organizações.

Vamos tratar de algumas experiências com as quais nos envolvemos nos últimos dez anos.

Nossa categoria central de trabalho é, entretanto, um processo: *ensinar e aprender com tecnologias de informação e comunicação*. Práticas, rotas, experimentos, circunstâncias, estratégias, recursos e, principalmente, pessoas integram esse processo.

A tecnologia possibilita várias alternativas para troca de mensagens, em ambientes abertos e fechados. Os alunos costumam utilizar os dois ambientes. Utilizam ambientes fechados para realizar tarefas oficiais do programa educacional e abertos para trocar ideias em paralelo sobre suas atividades, experiências e socialização.

Encontros físicos e sociais englobam visitas técnicas, congressos e eventos em geral, em espaços físicos. Os espaços virtuais são aqueles proporcionados pela troca de mensagens eletrônicas, por sites de relacionamentos e por salas de bate-papo na Internet. Espaços mentais são ideias e emoções compartilhadas, que podem ser utilizadas e direcionadas para promover o conhecimento para a vida profissional e pessoal.

Programas educacionais com tecnologias de informação e comunicação

Programas educacionais têm planos de ensino com a descrição de atividades a serem desenvolvidas em cada aula.

Mesmo que o uso das tecnologias de informação e comunicação seja especificado para todo o programa, ainda será possível identificar novos usos, combinações e integrações e isso acontecerá aula a aula no decorrer dos programas.

Em última análise, cabe ao professor conduzir avaliações e certificar o desempenho dos alunos, com e sem o uso das tecnologias de informação e comunicação.

Antes de cada aula, o professor deve confirmar se o uso de uma dada tecnologia em uma atividade prevista será considerado para a avaliação e certificação do desempenho do aluno.

É a ele que cabe decidir as vantagens do uso de uma ou outra tecnologia para o desempenho da atividade.

Produtividade no uso de tecnologias

A produtividade pode ser entendida como uma correlação entre o resultado (aquilo que é produzido) e os recursos utilizados para atingir esse resultado. É preciso, pois, selecionar, entre as estratégias e recursos tecnológicos relacionados aos processos de ensinar e aprender, aqueles que podem efetivamente melhorar a produtividade.

Utilizar o e-mail para responder questões técnicas de alunos, por exemplo, pode ser menos produtivo que fazê-lo pessoalmente ou por telefone. Pode-se gastar menos tempo e esclarecer as questões de modo mais adequado.

Há uma tendência a substituir tecnologias sem ganhos efetivos de produtividade. É preferível escolher o que for adequado para cada necessidade. No exemplo citado, utilizar e-mails de modo produtivo pode ser sinônimo de objetividade no emprego de textos curtos e diretos. A comunicação oral, por telefone ou pessoalmente, pode servir para explicações de maior profundidade.

O mesmo vale para conferências e reuniões virtuais, listas de discussão, fóruns e outros recursos de comunicação e interação.

Entendemos que os recursos e tecnologias de informação e comunicação devem ser utilizados para promover a produtividade na sala de aula e fora dela, e que as tecnologias devem favorecer positivamente o processo de ensinar e aprender.

Casos reais em programas educacionais

Chegou o momento de unir os quatro quadrantes do navegador, que descrevemos na Parte 1 deste livro. Os processos de ensinar e aprender aparecem, agora, integrados, bem como as práticas de informação e comunicação, como podemos observar na Figura 8.1.

Na Parte 2, apresentamos diversos recursos que podem ser utilizados para ensinar e aprender com informação e comunicação.

Pretendemos mostrar, neste capítulo, uma visão do emprego de recursos tecnológicos em programas educacionais mais complexos, abordando casos concretos de programas educacionais que utilizam ambientes virtuais.

FIGURA 8.1 Navegador com os quatro quadrantes — *Ensinar e aprender com informação e comunicação*

NA PRÁTICA

O *Master Business Information Systems* (MBiS) da Pontifícia Universidade Católica de São Paulo (PUC-SP)

O MBiS é um programa de pós-graduação *lato sensu*, que integra as áreas de negócios e tecnologia.

Foi criado em 1999, pelo Departamento de Ciência da Computação do Centro das Ciências Exatas e Tecnologia da PUC-SP, e sua administração está a cargo da Coordenadoria Geral de Especialização, Aperfeiçoamento e Extensão (COGEAE).

O Programa contém cinco módulos: gestão; tecnologia; tecnologia e processo decisório; palestras; conferências e pesquisas; e orientação à monografia.

Há uma atividade específica que utiliza um jogo simulador de negócios, no qual todas as dimensões do ensinar e aprender com informação e comunicação são necessárias para o trabalho do professor e do aluno. A disciplina que trata gestão do conhecimento corporativo é inserida no início do curso para integrar o contexto das demais e o aluno deve desenvolver um plano de visão do conhecimento para trabalhar a monografia no decorrer do curso.

O projeto da monografia é desenvolvido a partir do plano gerado pelo aluno e de um processo ao longo do período do curso envolvendo pesquisas e trocas baseadas em tecnologias de informação e comunicação, além da integração com os professores.

Alguns recursos são utilizados, como a biblioteca de monografias já desenvolvidas e selecionadas como referências, como mostra a Figura 8.2. Ela apresenta as principais áreas exploradas pelas monografias selecionadas. A partir desse espaço, o aluno pode verificar o conteúdo dos trabalhos desenvolvidos, o percurso metodológico adotado e identificar as lacunas deixadas pelos ex-alunos para trabalhos futuros, direcionando melhor o projeto.

Outro recurso utilizado pelo programa do MBiS é um ambiente virtual para compartilhamento de artigos, trabalhos e links. Esse ambiente é chamado de *knowledge management* (KM), como mostra a Figura 8.3.

Esse é um ambiente restrito, possui palavras-chave controladas e abertas, onde os usuários podem compartilhar o conteúdo de interesse das áreas e assuntos relacionados aos temas de trabalho.

Outras comunidades são utilizadas para compartilhamento de informação e comunicação. Na Figura 8.4 apresentamos a comunidade entre os grupos do Yahoo!.

FIGURA 8.2   Biblioteca de monografias do MBiS da PUC-SP

FIGURA 8.3   Ambiente de *knowledge management* da rede MBiS da PUC-SP

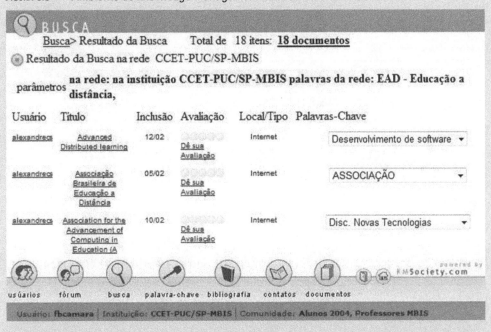

FIGURA 8.4   Comunidade MBiS no Yahoo! Groups

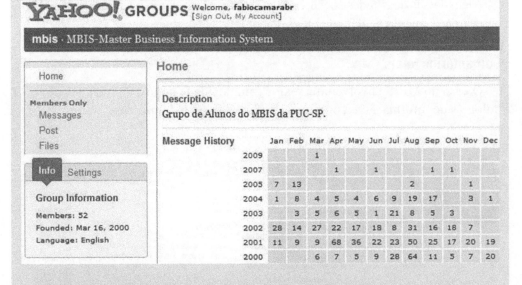

Essa comunidade foi criada em março de 2000 por professores e alunos. Ainda hoje é utilizada para compartilhamento de mensagens e arquivos.

Duas redes sociais são utilizadas para comunicação e interação. A primeira é uma rede de relacionamento profissional, o LinkedIn, como mostra a Figura 8.5.

Figura 8.5 Grupo MBiS no LinkedIn

Por meio dessa rede, 93 participantes (cadastrados até abril de 2009) podem compartilhar seus relacionamentos profissionais e potencializar oportunidades de carreira e negócios.

A segunda rede utilizada é o Orkut, conforme mostra a Figura 8.6.

Essa comunidade é menos formal que o LinkedIn e proporciona um contato mais pessoal entre todos os que já participaram dos cursos, sejam alunos ou professores.

Além dessas duas redes sociais, são utilizados blogs como o Caudalonga's blog, descrito no Capítulo 5, além de blogs dos próprios alunos.

Comentários finais

O caso do MBiS envolve uma maior complexidade no uso de recursos de tecnologias de informação e comunicação para o ensinar e aprender.

Figura 8.6 Comunidade MBiS no Orkut

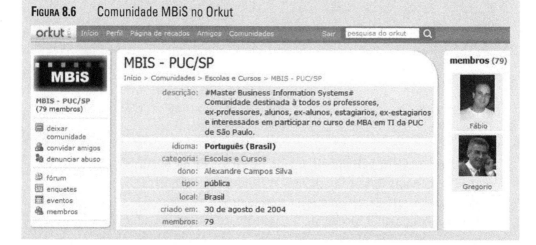

Costumamos dizer que o aluno, ao ingressar no MBiS, entra em um processo que se inicia e se prolonga por um tempo indeterminado de aprendizagem e relacionamento.

Alguns ex-alunos do programa voltam como executivos ou professores para proferir uma palestra ou disciplina. É um caso que trata a educação como um processo realmente continuado e que utiliza tecnologias para ensinar, aprender e integrar as pessoas.

Experimente também!

Compartilhe suas experiências com programas educacionais na comunidade no site de nosso livro (www.prenhall.com/camara_br).

Os Sistemas de Gestão da Aprendizagem ou *Learning Management Systems* (LMS)

Já tratamos de recursos que abrem novas possibilidades, em serviços oferecidos gratuitamente na Internet. Porém, existem recursos fechados, simulando um ambiente de sala de aula, com processos e agentes virtuais.

A utilização e a integração dessas salas tecnológicas dependem de sua aplicabilidade, da disponibilidade de recursos e dos resultados que se pretendem alcançar com o programa educacional.

Alguns sistemas disponíveis no mercado são os seguintes:

- Aula Aberta: disponível em <www.aulaaberta.com.br>;
- Moodle: disponível em <www.moodle.org>;
- e-College: disponível em <www.ecollege.com>;
- Blackboard: disponível em <www.blackboard.com>;
- WebAula: disponível em <www.webaula.com.br>;
- EduWeb: disponível em <www.eduweb.com.br>;
- Soluções Microsoft: disponível em <www.microsoft.com/brasil/educacao/LMS.mspx>;
- Soluções IBM: disponível em <www.ibm.com/software/lotus/products/learning-management-system/>;
- Soluções HP: disponível em <www.hp.com/education/>;
- TelEduc: disponível em <www.teleduc.org.br>.

A utilização do recurso TelEduc

Selecionamos um desses recursos, o TelEduc, para ilustrar nosso próximo caso. O TelEduc foi desenvolvido por pesquisadores do Núcleo de Informática Aplicada à Educação (Nied) da Universidade Estadual de Campinas (Unicamp), baseado em software livre.

O TelEduc é um dos *sistemas de gestão de aprendizagem* disponíveis no mercado, e pode ilustrar o que os demais sistemas disponíveis também podem oferecer.

O Quadro 8.1 mostra as facilidades que o TelEduc pode trazer para um ambiente virtual.

Quadro 8.1   Estrutura do ambiente virtual TelEduc

Recursos do ambiente
Os recursos do ambiente estão distribuídos de acordo com o perfil de seus usuários: alunos e formadores.
Recursos disponíveis para alunos e formadores
Estrutura do ambiente Contém informações sobre o funcionamento do ambiente TelEduc.
Dinâmica do curso Contém informações sobre a metodologia e a organização geral do curso.
Agenda É a página de entrada do ambiente e do curso em andamento. Traz a programação de determinado período do curso (diária, semanal e assim por diante).
Avaliações Lista as avaliações em andamento no curso.
Atividades Apresenta as atividades a serem realizadas durante o curso.
Material de apoio Apresenta informações úteis relacionadas à temática do curso, subsidiando o desenvolvimento das atividades propostas.
Leituras Apresenta artigos relacionados à temática do curso, podendo incluir sugestões de revistas, jornais, endereços na Web e outras informações.
Perguntas frequentes Contém a relação das perguntas realizadas com maior frequência durante o curso e suas respectivas respostas.
Enquetes É uma ferramenta para criação de pesquisas e enquetes.
Parada obrigatória Contém materiais que visam desencadear reflexões e discussões entre os participantes ao longo do curso.

Mural

Espaço reservado para que todos os participantes possam disponibilizar informações consideradas relevantes para o contexto do curso.

Fóruns de discussão

Permite acesso a uma página que contém tópicos que estão em discussão naquele momento do curso. O acompanhamento da discussão se dá por meio da visualização de forma estruturada das mensagens já enviadas e a participação, por meio do envio de mensagens.

Bate-papo

Permite uma conversa em tempo real entre os alunos do curso e os formadores. Os horários de bate--papo com a presença dos formadores são, geralmente, informados na agenda. Se houver interesse do grupo de alunos, o bate-papo pode ser utilizado em outros horários.

Correio

Trata-se de um sistema de correio eletrônico interno ao ambiente. Assim, todos os participantes de um curso podem enviar e receber mensagens através desse correio. A cada acesso, todos devem consultar seu conteúdo, a fim de verificar as novas mensagens recebidas.

Grupos

Permite a criação de grupos de pessoas para facilitar a distribuição ou desenvolvimento de tarefas.

Perfil

Trata-se de um espaço reservado para que cada participante do curso possa se apresentar aos demais de maneira informal, descrevendo suas principais características, além de permitir a edição de dados pessoais. O objetivo fundamental do perfil é fornecer um mecanismo para que os participantes possam se conhecer à distância, visando a ações de comprometimento entre o grupo. Além disso, o espaço favorece a escolha de parceiros para o desenvolvimento de atividades do curso e a formação de grupos de pessoas com interesses comuns.

Diário de bordo

Trata-se de um espaço reservado para que cada um possa registrar suas experiências ao longo do curso: sucessos, dificuldades, dúvidas e anseios, visando desencadear um processo reflexivo a respeito da aprendizagem. As anotações pessoais podem ser compartilhadas ou não com os demais. Em caso positivo, podem ser lidas ou comentadas pelas outras pessoas, servindo também como outro meio de comunicação.

Portfólio

Nesta ferramenta, os participantes do curso podem armazenar textos e arquivos utilizados ou desenvolvidos durante o curso, bem como endereços da Internet. Esses dados podem ser particulares, compartilhados com os formadores ou com todos os participantes do curso. Cada participante pode ver os demais portfólios e comentá-los, se assim o desejar.

Acessos

Permite acompanhar a frequência de acesso dos usuários ao curso e as suas ferramentas.

Busca

Permite a busca de informação por todas as ferramentas disponíveis do TelEduc.

Tecnologias que educam

Recursos disponíveis apenas para formadores
Intermap   Permite aos formadores visualizarem a interação dos participantes do curso nas ferramentas correio, fóruns de discussão e bate-papo, facilitando o acompanhamento do curso.
Administração   Permite gerenciar as ferramentas do curso, as pessoas que participam do curso e ainda alterar dados do curso. As funcionalidades disponibilizadas dentro de administração são: • Visualizar / alterar dados e cronograma do curso;   • Escolher e destacar ferramentas do curso;   • Inscrever alunos e formadores;   • Gerenciamento de Inscrições, alunos e formadores;   • Alterar nomenclatura do coordenador;   • Enviar senha.
Suporte   Permite aos formadores entrar em contato com o suporte do ambiente (administrador do TelEduc) através de e-mail.
Autenticação de acesso   O ambiente possui um esquema de autenticação de acesso aos cursos. Para que formadores e alunos tenham acesso a um curso, são necessárias identificação pessoal e senha, que lhes são solicitadas sempre que tentarem efetuar o acesso. Essas senhas são fornecidas a eles quando se cadastram no ambiente.
Sobre o TelEduc
O TelEduc é um software livre. Pode-se redistribuí-lo ou modificá-lo sob os termos da GNU *General Public License* versão 2, como publicada pela *Free Software Foundation*.
Este texto está disponível em: <http://fenix.nied.unicamp.br/~teleduc4/pagina_inicial/estrutura.php>. Acesso em: abr. 2009.

Comentários finais

Este caso apresentou alguns sistemas de gestão de aprendizagem disponíveis no mercado e uma tabela ilustrando o que o TelEduc pode oferecer.

Experimente também!

Compartilhe suas experiências com programas educacionais na comunidade no site de nosso livro (www.prenhall.com/camara_br).

Master Business Administration (MBA) em gestão estratégica de negócios da Universidade de Sorocaba (Uniso)

O MBA em gestão estratégica de negócios da Uniso utiliza recursos do TelEduc.

Vimos que um LMS pode disponibilizar uma grande quantidade de recursos virtuais para ensinar e aprender. Para a disciplina gestão do conhecimento, foi alocado o material apresentado na Figura 8.7.

Os usuários podem ter acesso virtual a esses documentos, bem como a exercícios e atividades, além de participarem de fóruns de discussão, como mostra a Figura 8.8.

FIGURA 8.7 Material de apoio do TelEduc para MBA da Uniso

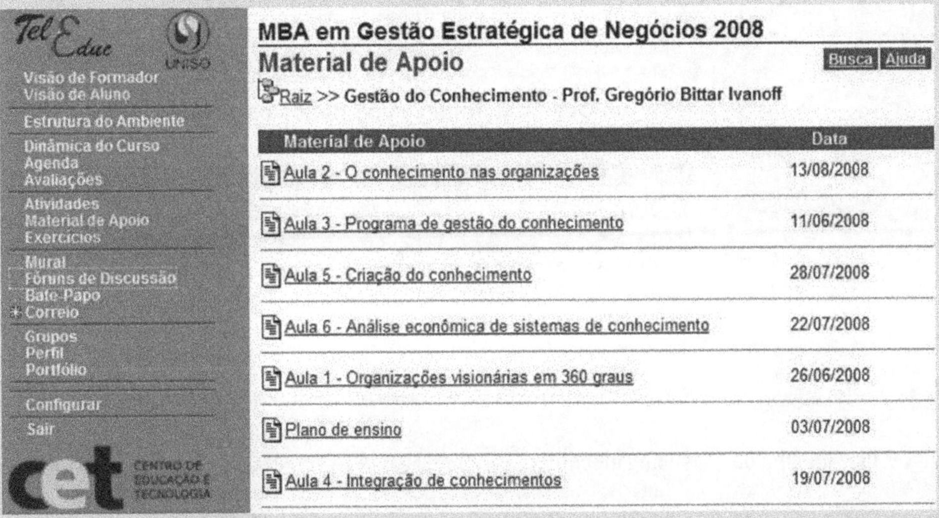

FIGURA 8.8 Fóruns de discussão do TelEduc para MBA da Uniso

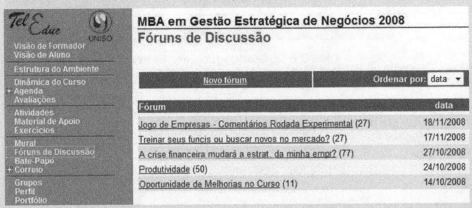

Os fóruns criam oportunidades para debater temas e questões de interesse de alunos e professores. Podem funcionar como extensão das discussões e debates realizados em aulas.

Além disso, alunos e professores utilizam o recurso do mural para troca de informações, como mostra a Figura 8.9.

Nesse exemplo, o professor informa os alunos sobre o término das avaliações.

Além dos recursos do TelEduc, foi criada uma rede social de relacionamento profissional no LinkedIn, conforme mostra a Figura 8.10.

Assim como no caso do MBiS, os usuários podem compartilhar suas redes de relacionamento profissionais para potencializar oportunidades de carreira e negócios.

FIGURA 8.9   Mural do TelEduc para MBA da Uniso

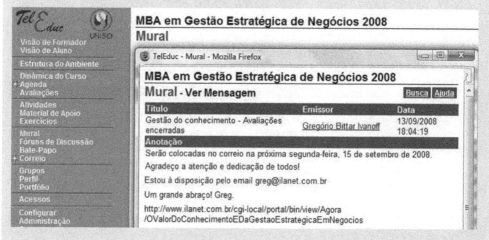

FIGURA 8.10   Página da Uniso no LinkedIn

Comentários finais

Esse caso ilustra como é possível desenvolver um ambiente virtual baseado em uma ferramenta LMS, além de utilizar os recursos abertos de uma rede de relacionamento. São formas de estender os canais com os alunos além da sala de aula.

Experimente também!

Compartilhe suas experiências com programas educacionais na comunidade no site de nosso livro (www.prenhall.com/camara_br).

Pós-graduação em gestão estratégica de pessoas do Serviço Nacional de Aprendizagem Comercial de São Paulo (Senac-SP)

O Senac de São Paulo possui cursos de pós-graduação em suas diversas unidades. Este caso é particular de um curso em gestão estratégica de pessoas, iniciado em 2007.

Os recursos de LMS do Blackboard são oficiais para esse curso. Além deles, os professores e alunos utilizam outros, como os grupos do Google, como mostra a Figura 8.11.

FIGURA 8.11 Comunidade do Senac-SP no Google Grupos

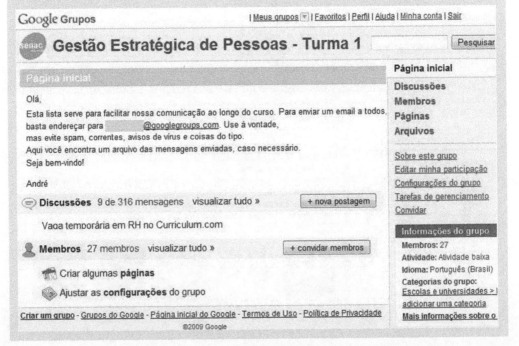

Por meio desse e de outros grupos de outras turmas, são trocadas mensagens e arquivos, com dúvidas e comentários sobre as aulas.

A rede social de relacionamentos Ning também é utilizada, conforme mostra a Figura 8.12.

O Ning é utilizado como recurso para estimular a interação entre os professores, alunos e entre as turmas que se formam a cada ano, mantendo os vínculos criados durante a passagem pela pós-graduação.

Há possibilidade de links entre recursos. Por exemplo, ao clicar em 'Calendário', uma planilha do Google Docs é aberta com a programação de todas as turmas atualizadas pelo coordenador do curso.

Comentários finais

Esse caso também apresenta a diversidade de recursos possíveis de utilização para ensinar e aprender com tecnologias de informação e comunicação, a partir da sala de aula.

A diversidade é positiva e estimula a interação entre professores e alunos durante e após o curso.

Experimente também!

Compartilhe suas experiências com programas educacionais na comunidade no site de nosso livro (www.prenhall.com/camara_br).

FIGURA 8.12   Comunidade do Senac-SP no Ning

Como vimos nesses exemplos e casos concretos, são muitas as possibilidades que se abrem com a utilização de recursos tecnológicos para garantir a efetividade dos programas educacionais. Professores e formadores podem utilizar serviços oferecidos gratuitamente pela Internet, ou trabalhar com ambientes virtuais fechados, ou, ainda, optar pela integração ou combinação de vários recursos, potencializando ainda mais seus resultados.

9 Inspirando novos conhecimentos

A comunicação (...) é verdadeiramente a estrutura externa ou visível do pensamento, tanto causa como efeito da vida interna ou consciente do homem. Tudo não passa de desenvolvimento: os símbolos, as tradições, as instituições são, indiscutivelmente, projetados pela mente.

Charles Horton Cooley[1]

Estamos sempre mudando e nos desenvolvendo. Professores ou alunos, talvez todos nós devêssemos fazer com maior regularidade balanços da aplicabilidade de nossas competências, seja no mundo do trabalho ou nas nossas relações sociais. A partir desse balanço e olhando para o futuro, deveríamos descobrir se precisamos iniciar transformações, algumas vezes até incômodas.

Em geral, nos limitamos a reagir a demandas do ambiente, da sociedade ou do dia a dia, e dedicamos pouco tempo para planejar.

Às vezes, somos pressionados pela rotina ou não somos capazes de administrar com efetividade recursos e capacidades disponíveis.

Estratégias devem cumprir essa missão: garantir que a alocação de recursos e capacidades seja efetiva.

Ensinar e aprender transforma recursos e capacidades. Isso já deve ser suficiente para promover o pensamento e a ação para identificar a situação atual, estabelecer objetivos, identificar desafios e oportunidades e planejar ações. Afinal, o que é uma ementa ou um plano de ensino de uma disciplina?

De um jeito ou de outro, elaboramos mapas mentais. Às vezes, fazemos anotações em papéis soltos ou desenhamos um esquema ou uma figura em um caderno. Ao longo do tempo, vamos juntando tudo isso em nossas agendas que reciclamos nas viradas de ano.

São estruturas, processos e relações subjetivas que representamos sempre muito criativamente. Quando amadurecemos nossas ideias, escrevemos uma espécie de receita, mesmo que seja com regras ou ideias simples. Testamos para ver se funciona e vamos aprimorando.

Nosso livro também seguiu esses passos.

Entendemos que utilizar bases de dados e de informações, comunicar e interagir são nossas estruturas, nossa maneira de interpretar a aprendizagem e o crescimento.

Quando construímos conteúdo, partimos para o processo. Em seguida, 'entramos em aula', na interação com colegas e alunos, na administração escolar e assim por diante.

Nas avaliações a que todos estamos sujeitos ou que promovemos, analisamos nossos resultados e até, em alguns casos, a sustentabilidade de nossas iniciativas de ensinar e aprender.

Ao final do processo, começamos tudo outra vez: anotações em papeizinhos, na agenda, esquemas... Voltamos a construir conteúdos, a 'entrar em aula' e a promover a sustentabilidade.

Nossas estratégias vão se refinando, repensamos contradições, ambiguidades, dilemas, conflitos e paradoxos, identificamos nossas lógicas e eventuais relações de causa e efeito.

Descobrimos novos caminhos, muitas vezes mais simples. Quando ganhamos maturidade, arriscamos a aplicação de tecnologias e enriquecemos nossas interações. Um vídeo aqui, uma consulta ali, um registro lá. E assim vamos avançando.

Representando e comunicando estratégias

No Capítulo 1, registramos a navegação sobre as práticas essenciais de informação e comunicação, vistas como circunstâncias sempre presentes.

Nosso primeiro exemplo de integração foi *aprender com informação*, com livro e bibliotecas.

A própria leitura deste livro ilustra esse processo e abre espaço para outros exercícios envolvendo *aprender com comunicação, ensinar com informação* e *ensinar com comunicação*.

Há muitos exemplos de possibilidades que podem surgir a partir da leitura deste livro: trocar experiências com outros agentes sobre as propostas apresentadas, levar as propostas sugeridas para experimentação em programas educacionais, promover avaliações de resultados em conjunto com as partes interessadas.

As práticas que apresentamos nos capítulos centrais — *utilização de bases de dados e informações, comunicação e interação* e *construção de conteúdo* — têm interdependência com partes interessadas, programas educacionais, sistemas e outras organizações ainda mais complexas.

A empresa de consultoria McKinsey identificou seis caminhos para obter resultados com a Web 2.0, que nos parecem aplicáveis ao âmbito das práticas que estamos propondo, e serão mostradas no Quadro 9.1.[2]

QUADRO 9.1 Caminhos para obter resultados

A transformação da cultura de baixo para cima precisa de ajuda a partir do topo.
Os melhores usos vêm de usuários, que avançarão ainda mais se receberem apoio.
O que já está em trabalho é o que também é utilizado.
É necessário recorrer à autodeterminação e às necessidades dos participantes, e não apenas a seus recursos.
A solução adequada vem dos participantes adequados.
É preciso equilibrar ações de cima para baixo com a autogestão de risco.

As atividades de professores não são apenas conduzidas em sala de aula. Como todos sabemos, as horas de preparação são extensas e demandam energia, recursos, dedicação e muita persistência.

Organizar é o investimento de muitos recursos, para não falar do tempo necessário. É o processo de preparação de aulas, de pesquisa — acadêmica ou científica —, de consulta aos pares para a identificação precisa de um conceito.

É natural imaginar que estaremos envolvidos em atividades encadeadas, que se iniciam em perspectivas de aprendizagem e crescimento, seguem por perspectivas de processos e de experiências em ambientes diversificados, incluindo a sala de aula, e terminam em perspectivas de avaliações, que concluídas permitem recomeçar novos encadeamentos.

O Quadro 9.2 ilustra a dinâmica de atividades encadeadas de professores em suas organizações.

Os objetivos de *aprendizagem e crescimento* estão relacionados com cultura, valores, linguagem e espaços. Todos concordamos que essas condições integradoras de contextos estão sujeitas a grandes variações.

É nessas condições que começamos a exploração de práticas essenciais de informação e comunicação e dos processos de ensinar e aprender até avançar sobre as práticas integradas de utilização de bases de dados e informações, de comunicação e interação e de construção de conteúdo.

Em algumas iniciativas é provável que exista maior dedicação às práticas essenciais de informação e comunicação. Em outras, práticas mais integradas como as que estamos propondo podem ser percebidas como mais adequadas.

Além de diversas possibilidades entre práticas mais simples e práticas mais integradas também devemos levar em conta a diversidade de práticas.

Entendemos que todas as partes interessadas — professores, alunos, agentes educativos e sociedade em geral — buscarão práticas que levem à produção relevante do conhecimento. Isso está relacionado àquilo que comentamos na Parte 1 deste livro, ou seja, criar, compartilhar e qualificar significa buscar uma posição de destaque em uma economia do conhecimento.

Um objetivo central de todos os envolvidos no processo educacional seria buscar práticas mais integradas, que promovam melhor utilização da tecnologia e avanços na qualidade da educação.

Ao envolver-se em ações, processos e experiências, as partes interessadas também se envolvem com as *avaliações*, estabelecendo parâmetros para a fixação de novos objeti-

QUADRO 9.2 Perspectivas para representar e comunicar estratégias

Perspectiva de avaliações
Perspectiva de processos e experiências
Perspectiva de aprendizagem e crescimento

vos de aprendizagem e crescimento. Na perspectiva de processo de ações e decisões, os resultados desejados são ações que iniciam novos processos de ações e decisões, como observa Maggi (2006).

Processos e experiências, portanto, não são tão lineares ou seguem estratégias previamente estabelecidas. Temos que levar em conta que cooperação, competição e conflito sempre estão presentes e em conjunto, como observam Ogburn e Nimkoff (1953).

Programas educacionais são guias

A estratégia educacional representa um guia que o professor estabelece para as diferentes etapas de cada aula (diagnóstico; desenvolvimento; exploração e solução de problemas; seleção de alternativas de ações e decisões; e conclusão, por exemplo).

Nas situações em que vamos contar com as tecnologias de informação e comunicação, também precisamos de guias e as próprias tecnologias podem nos ajudar nesse sentido, seja com a utilização de salas específicas, seja com a utilização de programas específicos. Em todos os casos, entretanto, precisaremos integrar o guia com as demais ações educacionais. Podemos utilizar os guias de programas educacionais para facilitar a auto-orientação dos alunos durante a realização dos programas educacionais nas diversas dimensões do ambiente educacional.

Precisaremos também avançar nas outras dimensões do ambiente educacional, além da dimensão física. O novo ambiente educacional é físico, mental, social e virtual. Os novos alunos utilizarão todas as possibilidades de dimensões do ambiente educacional em suas ações e interações de aprendizagem.

A construção do conhecimento pode se concretizar em vários espaços diferentes. Von Krogh et al (2001) consideram contexto capacitante o lugar onde se compartilha, se cria e se aplica o conhecimento. Assim, o ambiente de aprendizagem pode estar relacionado a quaisquer desses espaços ou à combinação deles. Por isso, devemos realizar esforços para identificar e utilizar os diversos ambientes de aprendizagem.

Ensinar e aprender a partir da sala de aula

Podemos explorar as práticas de ensinar e aprender com tecnologias de informação e comunicação inicialmente a partir da sala de aula.

No ambiente físico da sala de aula acontecem duas das principais ações que concretizam o trabalho do professor: aulas e avaliações. Ao preencher o diário de classe, o professor registra a participação e o desempenho dos alunos com relação a um programa educacional preestabelecido em um currículo.

Muitos fatores estão envolvidos quando pensamos em aulas e salas: didática, ensinar, aprender, tecnologias de informação e comunicação e assim por diante. Na sala de aula, acontece também o processo fundamental de transformação do conhecimento. O conhecimento é gerado, criado, aplicado, compartilhado e tudo isso pode acontecer também com tecnologias de informação e comunicação.

O que acontece na sala de aula pode ter influência de outros ambientes da escola ou de fora da escola. O oposto também pode ser verdadeiro. O que acontece fora da escola ou do ambiente de sala de aula pode interferir nas atividades da sala de aula.

A sala de aula não vai desaparecer mesmo que tentássemos substituí-la completamente por tecnologias de informação e comunicação. Até porque o que chamamos de sala de aula tem aparência muito diferente dependendo do contexto, da época, e dos meios e dos fins, apenas para citar algumas das possibilidades de variação das aparências.

Assim como as salas de aula podem variar, as estratégias de ensino e aprendizagem e os caminhos que percorremos para atingir os objetivos pedagógicos também sofrem grandes variações.

Considere o mesmo professor, a mesma aula e os mesmos alunos e troque apenas a sala de aula física. A aula será a mesma? Considere que o ruído pode ser um pouco diferente, para mais ou para menos. O ar pode ter mais ou menos fragrâncias de árvores. A iluminação natural pode estar mais ou menos intensa. A chuva pode ser prevista, percebida ou indesejada. E tudo isso ainda pode acontecer ao mesmo tempo, se o professor entender que é mais apropriado conversar com seus alunos com o apoio do computador, tendo como objetivo fomentar a redação de textos que possam ser convertidos em um trabalho de conclusão de atividades mais robusto.

Ensinar e aprender com qualidade

Pesquisadores do Núcleo de Formação de Educadores do Programa Pós-Graduação em Educação: Currículo (CED), da PUC-SP, implementaram, durante o ano de 2003, duas disciplinas em nível de pós-graduação *stricto sensu* a distância, por meio de interações com suporte em ambiente digital.

A análise dos resultados da disciplina denominada "Formação de Professores em Ambiente Digital" levou a conclusões favoráveis em relação à utilização de tecnologias educacionais:

- Alto índice de permanência dos alunos (89,5%);
- Autonomia dos alunos para a busca de informações significativas;
- Superação da hierarquia nas relações entre alunos e professores;
- Importância atribuída pelos alunos ao aprender com o outro — interaprendizagem;
- Melhoria de qualidade das interações e produções desenvolvidas pelos alunos em relação às produções de outras disciplinas realizadas presencialmente.

A pesquisa continuou em 2004, em outra disciplina denominada formação a distância de pesquisadores e professores. A abordagem adotada se baseou na

> *mediação pedagógica, no desenvolvimento da autonomia para a busca e seleção de informações, na produção colaborativa de conhecimento, na reflexão na ação e sobre ela, na compreensão de que a aprendizagem decorre da interação entre o sujeito e o meio, conforme o esforço individual de cada participante para estabelecer o diálogo*

com as informações, tecnologias e com o meio social, principalmente com a interlocução com os pares.[3]

Essa abordagem enfatiza o diálogo e a reflexão sobre os processos pedagógicos:

Cabe aos formadores a criação de situações que permitam o desenvolvimento de processos dialógicos e reflexivos sobre as dinâmicas das atividades em desenvolvimento e a mediação pedagógica, as novas descobertas, produções, dificuldades e estratégias, respeitando os momentos de apropriação, internalização e produção individual, conforme as preferências de aprendizagem, explicitadas nas intervenções e nos espaços de comunicação da plataforma tecnológica de suporte às atividades.[4]

Ensinar e aprender com qualidade prioriza o desenvolvimento dos alunos no processo educacional.

Ensinar e aprender com tecnologias de informação e comunicação não muda a responsabilidade dos professores. Também não mudam os objetivos de programas educacionais.

Professores continuam responsáveis pela promoção de ações, que podem ser identificadas por verbos como escrever, responder, classificar, preencher, calcular, medir, elaborar, encontrar, separar, dividir, resumir, levantar, planejar, dizer, observar, assistir e avaliar. Quando ajudam a construir objetivos em programas educacionais, professores esperam que os alunos desenvolvam competências — conhecimentos, habilidades e atitudes —, cuja descrição também sempre começa com verbos. Entendemos que, para os professores, programas educacionais são principalmente processos de avaliação. A Figura 9.1 ilustra nossa proposta.

Figura 9.1   Atuação de professores, alunos e agentes educacionais

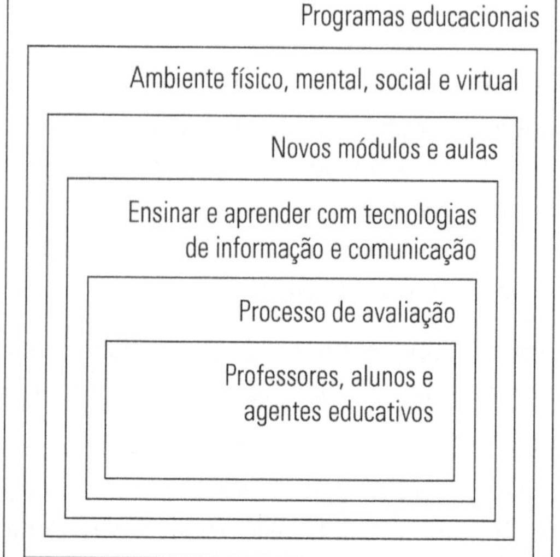

Programas educacionais

Ambiente físico, mental, social e virtual

Novos módulos e aulas

Ensinar e aprender com tecnologias de informação e comunicação

Processo de avaliação

Professores, alunos e agentes educativos

Entendemos que o envolvimento de tecnologias de informação e comunicação deva ser pensado a partir de decisões sobre eventos de avaliação.

Em módulos e aulas dos programas educacionais, o professor tem a chance de promover avaliações mais personalizadas que avançam além do desempenho com relação a regras, diretivas, sequências ou rotinas.

Ao planejar as estratégias de cada módulo, o professor seleciona e comunica as alternativas válidas para a avaliação e certificação de desempenho do aluno naquele módulo ou aula específicos.

Ao desenvolver seu trabalho, o professor avalia as melhores alternativas e seleciona as tecnologias de informação e comunicação mais apropriadas.

Os eventos de avaliação devem permitir que ações corretivas possam ser adotadas durante o processo; podem ocorrer tanto em situações estruturadas como em situações não estruturadas.

Os eventos de avaliação podem ser realizados no início do programa educacional ou de seus módulos globais. Podem também ser realizados em módulos e aulas, em períodos predeterminados. Finalmente podem ser realizados para os processos globais, cobrindo intervalos mais longos de tempo. O Quadro 9.3 fornece sugestões para o professor.

O professor não precisa necessariamente saber utilizar as tecnologias. O professor pode interagir com os alunos, que podem inclusive ajudá-lo no uso das tecnologias.

O conhecimento se transforma

O conhecimento não é cumulativo, pelo contrário, ele é dinâmico e se renova continuamente. O conhecimento se transforma a partir do equilíbrio de ações que juntam convergência e divergência, assimilação e acomodação, resultando em aprendizagem.

Desaprender é tão importante quanto adquirir novos conhecimentos. Esses novos percursos são possibilidades trazidas pelas novas tecnologias e pelas novas condições objetivas de vida, como sugere Zygmunt Bauman (2007).

QUADRO 9.3   Sugestões para o professor

Conhecer o ambiente tecnológico atual e futuro.
Conhecer o conjunto de tecnologias existentes.
Conhecer as finalidades de cada tecnologia e os potenciais de utilização.
Adaptar os conceitos e conteúdos ao contexto tecnológico existente e acessível a ele e aos alunos.
Ensinar e aprender utilizando as tecnologias.
Buscar a convivência e desenvolver identidades, incluindo as virtuais, em conjunto com os alunos.
Exercer liderança para ensinar e aprender com tecnologias de informação e comunicação.

As teorias são óculos através dos quais enxergamos o mundo. Elas podem ser instrumentos intelectuais de coordenação, facilitando a compreensão daquilo que observamos. Podem, também, atuar como nuvens que dificultam a leitura.

Ensinar e aprender com tecnologias de informação e comunicação — a rota que percorremos com nosso navegador — não é um percurso fechado. São múltiplos os caminhos que se desvendam, conforme ampliamos e movimentamos nossos horizontes.

Notas

1   COOLEY, Charles H. *Social organization*. Nova York: Charles Scribner's Sons, 1909.

2   CHUI, Michael; MILLER, Andy; ROBERTS, Roger P. "Six ways to make Web 2.0 work". *The McKinsey Quarterly*, fev. 2009. Disponível em: <http://www.mckinseyquarterly.com/>. Acesso em: 2 mar. 2009.

3   ALMEIDA, M.E.B. Tecnologias na educação, formação de educadores e recursividade entre teoria e prática: trajetória do programa de pós-graduação em educação e currículo. *Revista E-Curriculum*, São Paulo, v.1, n.1, dez. 2005/jul. 2006. Disponível em <http://www.pucsp.br/ecurriculum/artigos_v_1_n_1_dez_2005/bethalmeidaartigo.pdf>. Acesso em: 2 mar. 2009.

4   Idem.

Referências bibliográficas

ALMEIDA, Maria Elizabeth Bianconcini de. "Tecnologias na educação, formação de educadores e recursividade entre teoria e prática: trajetória do programa de pós-graduação em educação e currículo". *Revista E-Curriculum*, São Paulo, v.1, n.1, dez. 2005-jul. 2006. Disponível em: <http://www.pucsp.br/ecurriculum/artigos_v_1_n_1_dez_2005/bethalmeidaartigo. pdf>. Acesso em: 2 mar. 2009.

BANCO MUNDIAL. 2008 KAM *Booklet: measuring knowledge in the world economies.* Disponível em: <http://siteresources.worldbank.org/INTUNIKAM/Resources/KAM_ v4.pdf>. Acesso em: 19 ago. 2008.

BAUMAN, Zygmunt. *Vida líquida.* Rio de Janeiro: Jorge Zahar Editor, 2007.

BISPO, Patrícia. *Educação corporativa: uma realidade brasileira?* Disponível em: <http://www. rh.com.br/ler.php?cod=3990&org=2>. Acesso em: 22 fev. 2007.

CARVALHO, Fábio Câmara Araújo de (org.). *Ensaios sobre sustentabilidade e gestão do conhecimento: crescimento sustentável: papel da gestão do conhecimento.* São Paulo: Pearson Education, 2007. 53 p. Disponível em: <http://www.sbgc.org.br>. Acesso em: 27 out. 2008.

CARVALHO, Fábio Câmara Araújo de; CASTRO, João Ernesto Escosteguy; ROCHA JUNIOR, Weimar Freire; BODINI, Vera L.; CARVALHO, Tânia Câmara Araújo de. "A interdisciplinaridade no ensino da engenharia: a Internet como ferramenta". *COBENGE — XXVII Congresso Brasileiro de Ensino de Engenharia*, 1999, Natal. Disponível em: <www.kmbusiness.net/publicacoes.htm>. Acesso em: 22 abr. 2009.

CHIA, Robert. "Strategy-as-practice: reflections on the research agenda". *European Management Review*, 1, 2004.

CHUI, Michael; MILLER, Andy; ROBERTS, Roger P. "Six ways to make Web 2.0 work". *The McKinsey Quarterly*, fev. 2009. Disponível em: <http://www.mckinseyquarterly.com/>. Acesso em: 2 mar. 2009.

COMUNIDADE DOS PAÍSES DE LÍNGUA PORTUGUESA. Disponível em: <http://www. cplp.org/>. Acesso em: 2 mar. 2009.

COOLEY, Charles H. *Social organization.* Nova York: Charles Scribner's Sons, 1909.

DEAQUINO, Carlos Tasso Eira. *Como aprender: andragogia e as habilidades de aprendizagem.* São Paulo: Pearson Prentice Hall, 2007.

EBOLI, Marisa Pereira. *Educação corporativa no Brasil: mitos e verdades.* São Paulo: Editora Gente, 2004.

EBOLI, Marisa Pereira; HOURNEAUX JUNIOR, Flávio; IVANOFF, Gregorio Bittar; MANCINI, Sérgio. "A participação estratégica das partes interessadas na concepção

150 Tecnologias que educam

dos programas educacionais das Universidades Corporativas no Brasil". *VIII SemeAd Seminários de Administração*. São Paulo, 2005. Disponível em: <http://www.ead.fea.usp.br/Semead/8semead/resultado/trabalhosPDF/442.pdf>. Acesso em: 21 nov. 2008.

_____. "Breve panorama da educação corporativa no Brasil: apresentação de resultados de pesquisa". *XXIX EnANPAD — Encontro da Associação Nacional dos Programas de Pós--Graduação em Administração*. Brasília, 2005. Encontro ANPAD, 2005.

_____. "A influência das lideranças empresariais no contexto da educação corporativa: panorama no Brasil". *CLADEA Asamblea Anual — Innovación Y Gerencia, El Nuevo Gerente para este Milenio*. CLADEA Asamblea Anual 2005. Santiago do Chile, 2005.

_____. "Indicadores da utilização do e-learning nas universidades corporativas no Brasil". *XI Seminário de Gestión Tecnológica Altec 2005*. Salvador, 2005.

_____. "Sistemas de educação corporativa no Brasil: características e resultados". *4th International Conference of the Iberoamerican Academy of Management*. Lisboa, 2005.

EISENHARDT, Kathleen M.; MARTIN, Jeffrey A. "Dynamic capabilities: what are they?" *Strategic Management Journal*, 21: 1105-1121, 2000.

FILATRO, Andrea. *Design instrucional na prática*. São Paulo: Pearson Prentice Hall, 2008.

FREIRE, Paulo. *Pedagogia da autonamia: saberes necessários à prâtica educativa*. São paulo: Paz e Terra,1996.

GOMEZ, Pierre-Yves; JONES, Brittany C. "Conventions: an interpretation of deep structure in organizations". *Organization Science*, v. 11, n. 6, nov.-dez. 2000.

GRANT, Robert M. "Toward a knowledge-based theory of the firm". *Strategic Management Journal*, special issue, Knowledge and the Firm. Nova Jersey, 1996, v. 17.

IVANOFF, Gregorio Bittar. *Ambientes e organizações virtuais: cultura de segurança e regulação entre o desenvolvimento de programas computacionais e estruturas e processos organizacionais*. Dissertação (Mestrado) — Escola Politécnica, Universidade de São Paulo, São Paulo, 2006.

JANTSCH, Ari Paulo; BIANCHETTI, Lucídio (orgs.). *Interdisciplinaridade: para além da filosofia do sujeito*. Petrópolis: Vozes, 1995.

LENGNICK-HALL, Cynthia A.; WOLFF, James A. "Similarities and contradictions in the core logic of three strategy research streams". *Strategic Management Journal*, 20: 1109-1132, 1999.

MAGGI, Bruno. *Do agir organizacional: um ponto de vista sobre o trabalho, o bem-estar, a aprendizagem*. São Paulo: Editora Edgard Blücher, 2006.

MAIA, Carmem; MATTAR, João. *ABC da EAD: a educação a distância hoje*. São Paulo: Pearson Prentice Hall, 2007.

MORIN, Edgar. *Os sete saberes necessários à educação do futuro*. São Paulo: Cortez, 2000.

_____. *Complexidade e transdisciplinaridade: a reforma da universidade e do ensino fundamental*. Natal: EDUFRN, 1999.

NONAKA, Ikujiro; TAKEUCHI, Hirotaka. *Criação de conhecimento na empresa: como as empresas japonesas geram a dinâmica da inovação*. Rio de Janeiro: Campus, 1997.

OGBURN, W. F.; NIMKOFF, M. F. "Co-operation, competition, and conflict". In: *A handbook of sociology*. Londres: Routledge & Kegan Paul Ltd., 1953. Tradução de Maria Isaura Pereira de Queiroz. In: CARDOSO, F. H.; IANNI, O. *Homem e sociedade*. São Paulo: Companhia Editora Nacional, 1973.

PEREIRA, Yára Christina Cesário. *Problemática ambiental*: *"novos" cenários educacionais —* *a compreensão do "ser em sua inteireza" e o "conhecimento da integração"*. Disponível em: <http://www.ufmt.br/revista/arquivo/rev21/yara.htm>. Acesso em: 12 abr. 2004.

POLANYI, Michael. *The tacit dimension*. Nova York: Anchor Day, 1966.

QUEIROZ, Ruy José Guerra Barretto de. *O sistema nervoso social*, 2009. Disponível em: <http://jc3.uol.com.br/blogs/blogjamildo/canais/artigos/2009/03/23/o_sistema_nervoso_ social_43259.php>. Acesso em: 25 mar. 2009.

RODRIGUES, J. L. P.; CRUZ, S. B. *Capacitação de prestadores de serviços de instrutoria do Senai/SP*. Serviço Nacional de Aprendizagem Industrial — Senai, 2002.

SMITH, Wendy K.; TUSHMAN, Michael L. "Managing strategic contradictions: top management model for managing innovation streams". *Organization Science*, v. 16, n. 5, set.-out. 2005.

STRAUSS, Anselm C.; CORBIN, Juliet. *Basics of qualitative research techniques and procedures for developing grounded theory*. 2. ed. Thousand Oaks: Sage Publications, 1998.

SVEIBY, Karl Erik. *A nova riqueza das organizações*. Rio de Janeiro: Campus, 1998.

TORO, Bernardo. "Relações intersetoriais: um novo modelo de gestão para o desenvolvimento sustentável". In: Seminário Nacional de Relações Intersetoriais. *Conferência Magna*. Belo Horizonte: FIEMG, CAO-TS do Ministério Público e Governo do Estado de Minas Gerais, 2006. Disponível em: <http://www.fiemg.com.br/seminario2006/noticias. asp?pg=4&lng=1>. Acesso em: 23 jul. 2008.

UOL. "Historiador brasileiro nega existência da Escola de Sagres". *Entretenimento — Lusa*, 2009. Disponível em: <http://wap.diversao.uol.com.br/ultnot/2009/02/08/ult3680u1369. htm>. Acesso em: 26 fev. 2009.

VON KROGH, Georg; ICHIJO, Kazuo; NONAKA, Ikujiro. *Facilitando a criação de conhecimento: reinventando a empresa com o poder da inovação contínua*. Rio de Janeiro: Campus, 2001.

Sobre os autores

Fábio Câmara Araújo de Carvalho

Formado em engenharia elétrica pela UFRN e mestre em engenharia de produção pela UFSC, Fábio Câmara é professor universitário da ESPM, da PUC-SP, do Centro Universitário Senac-SP e da Estácio UniRadial. Sócio da KMBusiness.net, em que promove negócios em gestão estratégica do conhecimento, de processos e projetos, métodos quantitativos e *balanced scorecard*, e sócio-fundador da Sociedade Brasileira de Gestão do Conhecimento (SBGC), coordena e modera comunidades virtuais, dentre elas o Grupo de Estudos de Tecnologias em Gestão de Conhecimento (GetGC) e a Rede Colaborativa de Conhecimento e Valor (ILAnet) — uma organização virtual dedicada à pesquisa e à inovação aberta. Câmara também coordena o Fórum de Jovens Empreendedores (FJE), distrital sudeste, da Associação Comercial de São Paulo (ACSP).

Gregorio Bittar Ivanoff

Com formação em engenharia elétrica pela Escola de Engenharia Mauá e mestrado em cultura de segurança, organizações e software pela Escola Politécnica da USP, Gregorio Bittar Ivanoff é professor da PUC-SP, da Uniso, do Centro Paula Souza, da Fundação Vanzolini, da FMU-SP e da FIAP-SP. Pesquisador na área de tecnologia da informação, Ivanoff promove negócios, pesquisa e desenvolvimento que envolvem os temas de sustentabilidade, economia e tecnologias de informação e comunicação, além de coordenar e moderar grupos, comunidades e organizações virtuais, como o Grupo GetGC, a organização virtual ILAnet e o grupo da Associação Brasileira de Engenheiros Eletricistas (ABEE-SP).

Posfácio

O livro *Tecnologias que educam: ensinar e aprender com tecnologias de informação e comunicação*, de Fábio Câmara e Gregorio Ivanoff, constitui uma abordagem construtiva e inovadora para a compreensão do uso dos recursos e tecnologias de informação e comunicação no sentido de promover a produtividade do processo ensino/aprendizagem na sala de aula e fora dela.

Minha expectativa, para dar conta de corresponder ao convite dos autores e da editora Pearson Education para assinar o posfácio de sua primeira edição, era de curiosidade quanto a seu conteúdo que não é frequentemente utilizado como recursos teórico-metodológicos em minhas aulas, como professora.

Enquanto esperava a chegada do original do livro, fui me aproximando do tema em alguns autores (MORAM et al, 2000; SANCHO et al, 2006; FREIRE, 2000), que funcionaram como 'lentes' que permitiram uma reflexão em torno de ideias pontuais sobre tecnologias de informação e comunicação.

As tecnologias devem ser utilizadas para valorizar a aprendizagem autônoma, incentivar a formação permanente, a pesquisa de informações básicas, o debate, a discussão, o diálogo, o registro de documentos, a elaboração de trabalhos, a construção da reflexão pessoal, a construção de artigos e textos. Elas devem ser utilizadas também para desenvolver a interaprendizagem: a aprendizagem como produto das inter-relações entre as pessoas, desde que disponham de um endereço eletrônico. Tudo isso possibilita uma rica troca de vivências, culturas, valores e costumes diversos.

Sem dúvida, todos os recursos da Internet apresentados neste livro, os casos que ilustram estratégias de como utilizá-los para ensinar e aprender, que as entendemos em uma perspectiva construtivista, incentivam o envolvimento do aluno, o intercâmbio de informações, o diálogo e o debate entre os participantes, favorecendo e facilitando pedagogicamente o desenvolvimento do processo de ensino/aprendizagem.

Essas tecnologias de informação e comunicação não são neutras. Concordo com Sancho et al (2006) que dizem que o computador e suas tecnologias associadas, sobretudo a Internet, tornaram-se mecanismos prodigiosos que transformam o que tocam, ou quem os toca, motivando a criação de redes de colaboração. Daí vem a fascinação que este livro me proporcionou desde a primeira leitura, e acredito será parte da minha mesa de trabalho, pois terei nele subsídios para enriquecer minha prática docente.

No entanto, uma política educacional destinada a integrar as tecnologias de informação e comunicação nas escolas e instituições do ensino superior tem de levar em conta que essa prática de valor e significado pedagógico representará, para a maioria dos professores, um grande esforço para a aprendizagem de novas habilidades relacionadas à mudança na metodologia que é muito diferente do modelo tradicional, baseado no livro de texto, aula ou anotações. Tenho certeza de que muitos adultos de meia-idade têm, atualmente, muitas dificuldades para empregar a informática como meio ou ferramenta cultural com a mesma facilidade que utiliza os meios impressos. Esse é um problema que está relacionado à socialização cultural e ao domínio das formas de comunicação digitalizadas que são radicalmente diferentes das formas e dos mecanismos culturais transmitidos pelos livros e textos escritos. Para esses professores, que foram alfabetizados culturalmente na tecnologia e formas culturais impressas, a palavra escrita, o cheiro de papel e a biblioteca como cenário do saber foram, e são, o único habitat da cultura e do conhecimento. Embora eu me sinta parte desse grupo, acredito que a apropriação dessas tecnologias venha a se constituir uma ruptura com minhas raízes culturais.

Entretanto, entendo que toda inovação tecnológica tem de ser acompanhada pela inovação pedagógica e por um projeto educativo a fim de não representar uma mera mudança superficial dos recursos sem alterar substancialmente a natureza das práticas culturais nas escolas, faculdades e universidades. Sendo assim, o importante não é encher as aulas de novos recursos, mas transformar as formas e os conteúdos do que se ensina e aprende. É dotar de novo significado pedagógico a educação oferecida nesses espaços.

O século XXI exige e, como ressaltam Fábio Câmara e Gregorio Ivanoff, há necessidade de se formar cidadãos, quer sejam professores, alunos ou profissionais em geral, capazes de se comunicar com códigos e as formas expressas pela cultura digital. Para tal, as políticas institucionais e os programas para a inovação educativa devem incluir, em seu projeto de intervenção sociocultural, o uso de tecnologias de informação e comunicação que permitam dar sentido e guiar o trabalho pedagógico desde a educação básica a fim de que todos os alunos aprendam.

Nesse sentido, nosso grande mestre Paulo Freire diz que a formação técnico-científica de que urgentemente precisamos é muito mais que puro treinamento ou adestramento para o uso de procedimentos tecnológicos. A compreensão crítica da tecnologia de que precisamos deve ser necessariamente submetida a crivo político e ético.

Da leitura cuidadosa do texto, da apreensão da proposta de seus autores, constitui-se este livro de inquestionável relevância no processo de ensinar e aprender com as tecnologias, salientando um dos saberes fundamentais à prática educativa diante das condições históricas atuais marcadas por inovações tecnológicas: saber que mudar é difícil, mas é possível (FREIRE, 2000). Reafirmo, assim, sua indicação para professores, alunos e para aqueles que, em suas profissões, deparam-se cotidianamente com os novos desafios das inovações tecnológicas.

Tânia Câmara Araújo de Carvalho
Profª Adjunta da UFRN. Mestrado e Doutorado
pela UFRN. Profª Titular da Faculdade Maurício de Nassau.

Referências bibliográficas

FREIRE, Paulo. *Pedagogia da indignação: cartas pedagógicas e outros escritos*. São Paulo: UNESP, 2000.

MORAN, José Manuel et al. *Novas tecnologias e mediação pedagógica*. Campinas, SP: Papirus, 2000.

SANCHO, Juana Maria et al. *Tecnologias para transformar a educação. Tradução Valério Campos*. Porto Alegre: Artmed, 2006.

Comentários sobre o livro

Nos últimos anos, o relacionamento entre professores e alunos tem sido radicalmente modificado pela utilização cada vez mais intensiva da tecnologia, e o domínio eficaz de novas ferramentas é fundamental para o professor. Nesse sentido, os professores Fábio Câmara e Gregorio Ivanoff apresentam e explicam como utilizar um novo repertório de possibilidades que transformará as aulas daqueles que se dispuserem a incorporá-lo em sua prática docente.

Prof. Dr. Alexandre Gracioso
Diretor Nacional de Graduação da Escola
Superior de Propaganda e Marketing — ESPM

Nesta obra, os autores não inventaram o oceano ou a embarcação, mas tiveram a ousadia de mostrar como se navega num mar que todos conhecem e em que muitas teorias e 'achismos' se confundem. Foram práticos e objetivos no desenvolvimento de mapas simples de navegação com tecnologia rumo ao aprendizado contextualizado e eficiente. De fato, "navegar é preciso" e tornou-se mais simples.

Prof. MSc. Mauricio Pimentel
Coordenador Geral da Faculdade de Tecnologia
Bandeirantes — BandTec — e Professor Universitário

Fábio Câmara e Gregorio Ivanoff reúnem, neste livro, as mais avançadas tecnologias de comunicação e aprendizagem, com uma linguagem e uma fluidez que as tornam facilmente assimiláveis mesmo por aqueles que — ainda — resistem aos desafios da modernidade. É um texto que fazia falta para as instituições que ensinam e aprendem, agora à disposição de todos. Boa leitura!

Profa. MSc. Laura Gallucci
Consultora em Gestão de Empresas e Professora
da Escola Superior de Propaganda e Marketing — ESPM

Navegar implica saber onde se está, onde se quer chegar e como. Este livro ajuda a encontrar respostas para estas questões quando as tarefas associadas são ensinar e aprender com tecnologias de informação e comunicação. Gregorio e Fábio enfrentaram o desafio de conciliar ensino — traço social dos mais antigos — e tecnologia — cada vez mais veloz e flexível. O resultado foi um oportuno guia prático para professores e estudantes enfrentarem nossos tempos de mudança contínua.

Prof. Dr. Wilson Amorim
Coordenador de Pesquisas do Programa de Estudos em Gestão de Pessoas —
PROGEP — da Fundação Instituto de Administração — FIA

Os pesquisadores Fábio Câmara e Gregorio Ivanoff são membros atuantes do Grupo de Estudos em Gestão do Conhecimento, com reuniões presenciais ocorridas, em parte, nas dependências da Faculdade de Ciências Exatas e Tecnologia da PUC-SP. No livro *Tecnologias que educam: ensinar e aprender com as tecnologias de informação e comunicação*, esses autores apresentam diversas nuances atuais de práticas de ensino/aprendizagem, voltadas aos professores, para o compartilhamento de experiências diante dos desafios educacionais contemporâneos, que derivam da tríade informação, comunicação e interação e construção de conteúdo configuram três grandes práticas, de interesse amplo, abordadas na parte central desse trabalho atual e inovador.

Prof. Dr. Fernando Giorno
Diretor Adjunto da Faculdade de Ciências Exatas e Tecnologia da PUC-SP

Este livro revela o já existente professor do futuro, embarcado nas novas tecnologias de navegação em conteúdos educativos para si e seus alunos. Aquele professor mais ainda essencial para a intermediação entre o conhecimento e a humanidade. O livro *Tecnologias que educam* é um guia que apresenta de forma agradável os recursos mais ricos para o ensino e a aprendizagem. Recursos esses que incluem digitalmente os professores do Brasil e de outros países de língua portuguesa a usufruírem dessas práticas educacionais eletrônicas com um simples acesso à Internet, e que transformam a sala de aula em um mundo sem fronteiras.

Prof. Dr. Edgard Costa
Professor da Universidade de Brasília — UnB

O professor, centrado no aluno, reconhece e dá oportunidade aos conhecimentos: factuais, conceituais, procedimentais e atitudinais; uma conexão da escola com atividades de aprendizagem fora dela garante e cristaliza novos conhecimentos e resgata os existentes. Este livro de Fábio Câmara e Gregorio Ivanoff possibilita um caminhar seguro, a nós professores, rumo a essa nova forma de ensinar ↔ aprender.

Profa. Eloísa Cavalini
Psicóloga, Pedagoga, Orientadora Educacional com ênfase em Arte-Educação e Professora Coordenadora Pedagógica da Escola Estadual Keizo Ishihara

Este é um livro bastante oportuno. Em um período de rápido desenvolvimento tecnológico e profundas transformações sociais, é fácil nos perdermos em meio à miríade de novos conceitos, práticas e instrumentos que surgem a todo momento. Para facilitar a vida de educadores e aprendizes, Fábio Câmara e Gregorio Ivanoff não apenas apresentam um interessante modelo que orienta o uso das diversas técnicas e ferramentas, como também propõem inúmeras aplicações e experimentos que ilustram seu uso e facilitam sua adoção. Para todos os que percebem a transição que vivemos rumo a novos modelos de ensino e aprendizagem, é uma obra fundamental.

Prof. Dr. André Saito
Coordenador do Curso de Pós-Graduação em Gestão Estratégica de Pessoas do Senac-SP e Professor da Fundação Getulio Vargas-SP

Índice remissivo

A

Abrir uma conta no Google, 94
Absenteísmo, 18
Ações e interações, 5, 10, 22-23,
120-122, 144
Agenda, 60-63, 71, 86, 132-133,
142
  de compromissos, 60, 62
Agentes educativos
  formadores, 13
  outros, 18-19
Alimentação saudável, 40-41
Altavista, 32
Aluno
  desempenho pretendido do,
  21
  trabalho autônomo do, 13
Ambiente
  educacional, 117, 120-122,
  144
  educacional, dimensões do,
  120, 144
Ambientes
  abertos, 26, 126
  colaborativos, 125
  virtuais, 23, 32, 77, 120, 127,
  139
  virtuais de ensino e
  aprendizagem, 23
Ambiguidades, 16, 24, 142
Analogias, uso de, 16
Anfiteatros, 6
Apelido (*nickname*), 67, 69
Aprendizagem individual, 7
Apresentação(ões), 6-7, 11, 13,
20, 25-27, 31, 44, 60, 93,
104-108, 118
Armazenagem de arquivos na
Internet, 31, 45

Arquivos e documentos pessoais,
  acesso aos, 36
Artigos, 32, 35, 52, 55, 85, 108-
109, 118-119, 123, 128, 132
Atividades
  educacionais, 93
  extraclasse, 29
Ativistas, 16, 18-19, 57, 74
  do conhecimento, 16, 18-19
  mobilização de novos, 18
Auto-orientação, 144
Avaliação e certificação de
  desempenho do aluno, 147
Avaliações, 4, 102, 126, 132, 136,
142-144, 147

B

Balanço, 141
Banco Mundial, 1
Base de conhecimentos, 16
Bases
  científicas, 32
  de busca em seu computador,
  31, 36
  de busca na Internet, 31-32,
  57
  de dados e informações, 2,
  4, 8-10, 13, 15, 18, 20,
  25-26, 29, 31, 45, 115,
  142-143
  de e-mails, 31-32, 45, 57
  de e-mails gratuitas, 32
  de imagens e mapas, 31, 36
  de vídeos, 31, 40
Bibliotecas, 5-6, 53, 142
  científico acadêmicas, 52
  universitárias, 53
  virtuais, 9, 22, 25, 27-28, 31,
  52, 57

Blogs, 10, 25, 27-28, 59, 85, 89,
117, 130
Busca, 15, 25-27, 31-33, 36-37,
40-45, 54, 57, 111-112, 118,
133
Buscadores de Internet, 9

C

Cadastros em servidores pagos,
  45
Caixa de entrada, 10, 45
Capital intelectual, 97
Casos, 29, 54, 57, 81, 85, 91, 93,
108, 111, 118, 127, 142
  de aplicação, 29
  na prática, 31, 93
Centros
  de excelência, 20
  de pesquisa, 52
Chats, 22, 59, 60, 67, 89
Cidades virtuais, 70
Circunstâncias sempre presentes,
2-3, 9, 13, 15, 23-25, 28, 142
Coletivos Inteligentes, 81-82
Competências, 1, 14-15, 21, 97,
117, 141, 146
Complexidade, 8-9, 11, 15, 17,
51, 130
Compreensões compartilhadas,
16
Computadores
  com projetor de imagens, 6-7
  pessoais, 9, 36
Comunicação
  e interação, 4, 8-10, 13, 15,
  18, 20, 25-27, 29, 59, 60,
  66, 68-69, 73-74, 78, 115,
  127, 129, 142-143
  simbólica, 15-16

162 Tecnologias que educam

simbólica, outras formas
de, 15
Comunidade, 36-37, 40, 57, 60,
70, 74, 81-83, 85, 91, 113,
129, 153
científica, 52
de prática, 13, 22-23
Comunidades, 23, 40
de prática na Internet, 23
virtuais, 10, 59, 70, 97,
153
Conceitos, 2, 4, 6-7, 13, 17, 23,
49, 110-111, 119, 121, 147
Conclusões em grupo, 41
Conflitos
mediação de, 16
mediadores de, 16
resolução de, 18
Conhecimento
abordagens impessoais de
integração de, 6
atividades e experiências
de, 28
ativistas do, 16, 18-19,
como valor, 14
como valor, visão da
instituição para, 14
como valor, visão da
organização para, 14
como valor, visão do Brasil
para, 14
comum, 15
construção do 57, 112, 144
criação do, 18-19, 24
economia do, 1-2, 14, 143
especializado, aspectos
comuns do, 16
exposições de, 20
formação do, 57
gestão do, 13-14, 20, 74, 97,
106, 111, 127-128, 135
microcomunidades do, 20
produção relevante de, 1
tipos diferentes de, 15
transformação do, 144
visão do, 13-14, 19-20, 74,
128
Conhecimentos
comunicação subjetiva de, 7
encontros de
compartilhamento de, 15
integração de, 6-7, 15-16
integração efetiva de, 15-16

Construção
coletiva de conteúdo, 99
de significados
compartilhados, 16
ética de conteúdo, 110-112
Conta de e-mail, 32, 60
Conteúdo
abordado, 21, 118
construção de, 2, 4, 8, 11,
13, 15-16, 18, 20, 25-27,
29, 36, 93-94, 97, 112,
115, 142-143
em hipertexto, 96
Contexto capacitante, 144
Contradições, 16, 24, 142
Conversa, 65-66, 77, 133
Conversações on-line, 67
Convivência
experiência de, 21
entre alunos e professores, 16
Cooperação, 18, 20, 119, 144
Coordenação, 15-16, 52, 97-98,
119, 148
métodos de, 15
por ajustes mútuos, 16
Correção de provas com
buscadores, 26
Correio eletrônico, 45, 59, 60,
64, 133
Corte Portuguesa no Brasil,
36-37
Credibilidade, 57, 108, 110
Criação de conhecimento,
atividades de, 20
Crise, 7
Cultura, 18, 26, 122-123, 142-
143, 156
Currículo, 117, 144-145, 148
Curso, 6, 22, 71, 88, 118, 121,
128, 132-134, 137-138

D

Decisões em grupo, tomada
de, 15
Demandas de maior
complexidade e incerteza, 15
Desafios, 82
Desempenho do aluno,
avaliação e certificação de,
27, 126, 147
Desenvolvimento
colaborativo de conteúdo,
94, 105, 108

colaborativo de planilhas,
100
Desenvolvimento sustentável,
43
Detecção de plágio, 112
Dicionários, 9, 25-27, 31, 45-46,
50-52, 57
Direitos autorais, 36, 56
Disciplinas específicas, 28, 71
Diferença, aceitação da, 18
Dilemas, 16, 24, 142
Dinâmicas interpessoais, 6
Diretivas, 6, 15, 147
Disciplina(s), 73, 102, 127, 131,
141, 145
Documentos eletrônicos, criação
de, 93-94
Domínios individuais
de conhecimento,
reconhecimento de, 16

E

E-learning, 22-24, 27
E-mails, 9, 10, 25-27, 31-32, 36,
45, 57, 59-61, 63, 70-71, 85,
89, 126
Economia do conhecimento,
1-2, 14, 143
Edição de texto, 94
Editoras, 52-53, 55
Editores de texto, 94, 100, 123
Educação corporativa, sistemas
de, 22
Educação e qualificação, 1
Educadores, 11, 82, 122
Emoções, expressão positiva
das, 18
Empresas, 17, 22, 44, 52, 60, 74,
77, 88, 112, 120
Enciclopédias, 11, 25-27, 50
Enciclopédias virtuais, 51, 93,
108
Encontro, 22
Ensaios, publicação de, 14
Ensinar e aprender
estratégias de, 37, 40, 42,
57, 89, 91, 110, 113
processos de, 29, 57, 91,
112, 126, 143
Espaços
de navegação, 5
mentais, 121, 126
virtuais, 115, 126

Índice remissivo · 163

Especialista(s), 40, 48, 69, 74
Esquemas de cognição comuns, 16
Estratégia, 17, 24, 32, 96, 99, 103, 108, 117, 121, 144
Estratégia educacional, 144
Estratégias, 3-4, 8-9, 11, 15-18, 21, 23, 25-26, 28-29, 31, 37, 40-42, 57, 59, 89, 91, 93, 97, 110, 112-113, 115, 120-121, 123, 126, 141-143, 145-146, 155
Estudo de caso, 22
Estudos, encontros mensais de, 13
Eudora, 60
Eventos históricos, 37
Exclusão, 18
Experiências, 5, 9, 13, 16, 21, 28, 91, 113, 116, 123, 125-126, 131, 133-134, 137-138, 142-144
Experimentos, 29, 31-32, 35, 44, 49, 57, 71, 85, 116, 126
Experimentos, relatos de, 29

F

Facebook, 78-79
Filtros anti-spam, 10
Flickr, 36-37, 90, 108
Fonte de pesquisas, 36
Fontes
adicionais de consulta, 50
credibilidade das, 57
Formação
atividade de, 15, 122
de professores, 145
Fórum Info, 77
Fórum Universitário Pearson, 107, 111
Fóruns de discussão, 10, 22, 59, 60, 73-74, 133-135
Free Translation, 46, 48-49, 52

G

Gazzag, 79
Geocities, 70, 80
Gestão
de conteúdos em hipertexto, 97
do conhecimento, 97, 106, 111, 135, 149
Globo, 60, 67, 89

Gmail, 32, 60-63
Google, 64, 67, 70, 94-96, 100-102, 104-108, 111-112, 137-138
Acadêmico, 32, 34-35
Calendar, 60
Docs, 94-96, 100-103, 105-108,138
Earth, 36-38, 40
Grupos, 70, 137
Maps, 36-38, 40
Talk, 64, 67
Tradutor, 46-52
Grupo(s)
dinâmicas de, 6-7
tomada de decisões em, 15
virtual(ais), 13, 25-26, 28, 45, 70-71, 112
Grupos, 10, 16, 19, 22-28, 45, 59, 70-73, 89, 112, 128, 133, 137-138
Grupos.com.br, 70
Guias de programas educacionais, 7, 144

H

Hi5, 79, 81
Hipertexto, 94, 96-97, 99, 119
História do Brasil, 37
Histórias
compartilhamento de, 20
uso de, 16
Hotmail, 32

I

Identidade, 67, 69
Identidades virtuais, 26
ICQ, 64, 67
IG, 45, 60
Imagens, 6, 57
Imagens impressas, 6-7
Imaginação, 6
Inclusão tecnológica, 117
Informações, origem das, 57
Iniciativas de produção públicas, 26
Inovação, projetos de, 20
Instituições científicas, 43
Institutos de pesquisa, 53
Integração direta de conhecimentos, 7
Inteligência coletiva, 81
Interação, 7

Interação e comunicação, 2
Interdependências, 16
Interdisciplinaridade, 119, 149-150
Interface organizacional, 97
Internet, emergência da, 24
IPTV Cultura, 89-90

J

Jogos, 8
John Dewey, 14, 20

L

Laboratório
aulas práticas de, 23
de informática, uso de, 7
Linguagem, 15
Linha rápida, acessos de, 24
Linkedin, 78-79, 129-130, 136
Livro, 5
Lixo tecnológico, 77

M

Mapas, 5, 9, 20, 36-37, 39, 57, 97, 141
de cooperação
compartilhados e dinâmicos, 20
mentais, 141
Matemática, 17, 82, 117
Materiais de apoio impressos, 6
Matérias jornalísticas, 40, 42
Mckinsey, 142, 148-149
Mecanismos de busca, 36
Mediação, 8, 16, 18, 118, 145-146
Mediação escolar, 18
Mensagens, 10, 32, 129
Eletrônicas. *Ver também* e-mails, 9, 10, 32, 60, 64-65, 67, 89, 126
instantâneas, 10, 59, 64, 67, 77
Mestrado e doutorado, processos de, 13, 152, 157
Metáforas, uso de, 16
Microcomunidades, 19-20
do conhecimento, 20
Microsoft
Excel, 100
Outlook, 60
PowerPoint, 105
Word, 94

164 Tecnologias que educam

Mirc, 67, 69
Modelos, 6, 87
Moderador, 70-71, 73-74, 83
MSN, 32
Mudança, 97, 116, 156
   organizacional, 13-17, 19,
      21, 116
   organizacional, formação de
      competências para a, 14
   sustentável, 2, 115
Myspace, 78-79, 81, 91

N
Navegação, rotas e cartas de, 19
Navegador, 4-5, 9, 22, 25, 59,
   115, 127
Netiqueta, 63-64
Nickname (apelido), 67
Ning, 138
Novidades, difusão das últimas,
   20

O
Openoffice
   Calc, 100
   Impress, 105
   Writer, 94
Operadores, 69
Organização
   educacional, transformações
      da, 21
   virtual, 98, 153
   virtual de pesquisa e
      desenvolvimento, 97
Organizações, 2, 4, 22, 28, 43,
   97, 116, 125
Organizações não
   governamentais, 43-44
Órgãos governamentais, 52
Origem das informações, 57
Orkut, 67, 78, 80-81, 85, 130

P
Páginas eletrônicas, 11
Paradoxos, 16, 24, 142
Pastas específicas, alocação
   automática de mensagens
   em, 10
Pearson Education, 20, 46, 149
Perfil psicológico, 10
Perspectiva, 19, 116, 143-144,
   155
Pesquisadores, 13, 57, 98, 145

Picasa, 36
Planilhas eletrônicas, 11, 93,
   100,
Planos
   de ensino, 126
   educacionais, 28
Plaxo, 79
Pluridisciplinaridade, 119
Ponto de vista, 14-15, 20-21,
   116
Ponto de vista estratégico, 14
Portais, 45, 67-68, 70, 89, 123
Práticas, 3, 5, 11, 19, 21, 23,
   29, 82, 112, 115-116, 122,
   142-143
   educacionais, 21, 116
   no navegador, 25
   pedagógicas, 85
Preferências, 26, 70, 146
Preparação de aulas, 36, 143
Problemas, resolução de, 6, 15,
   121
Processo, 4, 6, 29, 85, 89, 93,
   126, 128, 143
   de ação na prática, 115
   de ensinar e aprender, 9, 15,
      31, 40, 82-83, 85, 89-90,
      110, 117, 120, 127, 156
   educacional, 13, 21, 57, 89,
      143, 146
Processos, 3-4, 13, 18, 31, 74,
   93, 115, 127, 143-144, 146
   de ação e decisão, 116
   de ensinar e aprender, 29,
      57, 91, 112, 126, 143
   de ensino e aprendizagem,
      13, 16, 68
   de organização, 13
Produção
   acadêmica e científica, 26,
      28
   acadêmica e científica
      formal, 26
   de novos conhecimentos,
      116
   relevante do conhecimento,
      143
Produtividade no uso de
   tecnologias, 126
Professores
   e alunos, agir de, 4, 9, 11,
      13-14, 19, 21, 23-24, 28
   em redes sociais, 98-100

Programa, 17, 27, 38, 89-90
Programa Roda Viva, 90
Programas
   computacionais, 15
   de autodesenvolvimento, 22
   de edição de textos e
      planilhas, 26
   de intercâmbio, 22
   de televisão, 6
   estruturados, 22-23
Programas educacionais, 2, 4, 7,
   14, 19, 21-24, 27, 29, 138,
   142, 144, 146
   núcleos de, 22
   projetando, 21-22
   qualidades de, 21
   completos, 28
   e práticas, combinações de,
      23, 26-27
   e práticas, composição
      entre, 27
   estruturados, 22
Projeto
   o valor do conhecimento
      como premissa de, 14
   o valor do conhecimento em
      um grande, 14
Projetos de inovação, 20
PUC-SP, 128

Q
Quadros, 6-7, 16, 93

R
Reconhecimento mútuo, 16
Recurso, 6, 10, 34, 38, 41, 47,
   50, 77, 85, 89, 95, 100, 110,
   112, 128
Recursos, 4, 6, 51, 59, 69, 77,
   90, 93, 104, 108, 112, 127,
   131, 134, 136, 139, 141,
   143
   para armazenagem de
      arquivos na Internet,
      31, 45
   qualidade dos, 57
   tecnológicos, 29, 89, 111,
      126-127, 139
   virtuais, 32, 135
Rede
   relacionamento na, 10
   social, 17, 67, 90, 117, 136,
      138

Índice remissivo

Redes de relacionamento, 59, 78-81, 85, 136
Redes sociais, 23, 26, 28, 78-80, 85, 90, 98-99
Reflexão, 4, 14, 24, 116, 122-123, 145-146
Relacionamento, 10, 67, 78-81, 83, 126, 131
Regras, 19, 20, 121, 123, 147
  e diretivas, 15
  produção de, 8, 121
Regulação, 8, 97, 123
Repositório gratuito de vídeos, 40
Resolução de Conflitos, Associação Nacional de, 18
Resolução de problemas em grupo, 6
Respeito, 18, 43, 57, 86, 111, 115, 133
Retroprojetores, 6-7, 93
Reuniões, 7, 13-14, 67, 71, 77
Robôs, 32, 69
Robôs inteligentes, 32
Rotas de navegação, 23, 29
Rotinas, 3, 6, 147

S

Sala de aula, 6, 31, 57, 59, 73, 81-82, 145
Sala de aula, fora da, 81-82, 125
Salas de bate-papo, 10, 25, 59, 67-68, 125-126
Sequências, 6, 147
Servidores, 32, 36, 45
Servidores de imagens, 36
Significados compartilhados, construção de, 16
Simulação real, situações de, 7
Simuladores
  coletivos, 8
  virtuais, 7-8
Sistema
  de gestão de conteúdos em hipertexto, 97

  de inovação, 1
  de valores, 125
  em hipertexto, 97
Sistemas, 4, 11, 21-23, 27-28, 75, 116, 131-132, 134, 142
  de gestão da aprendizagem, 28, 131
  educacionais para empresas e organizações, 22
Skype, 64, 67, 77-78
Slides, 7, 11, 93, 104-106, 108
Sonico, 79-80
Sustentabilidade, 20, 118, 142

T

Tecnologia
  aplicação da, 21
Tecnologias
  de comunicação, 9
  de informação, 3-4, 11, 23, 29, 118, 122, 144, 147
  de Informação e Comunicação — TICs, 3-4
Telefones celulares, 64
Temas emergentes, 43-44, 77
Teoria do agir organizacional, 14, 18
Terceiro Setor, 52
Terra (Portal), 45, 60, 67
Tomada de decisão, 6
Trabalhos
  elaboração de, 7, 155
  escolares, 43-44
Tradução, 46-50
Tradutores, 9, 25-26, 45, 51, 57
Tradutores virtuais, 26, 31, 45
Transdisciplinaridade, 118-119
Transformação organizacional, 19
Twitter, 78-90, 117, 123
TV, 10, 22, 24, 27, 59, 64, 89-90
TV Cultura, 89
TV pela Internet, 59, 89

U

Unicamp, 132, 134
UOL, 45, 60, 67-68, 123
Uolk, 79
USP, 64
Utilização de bases de dados e informações, 2, 4, 8-9, 13, 20, 26, 37, 43, 51, 55, 115, 143
Utilização prática, exemplos de, 29

V

Valores, 18, 26, 40, 115-116, 123, 143
Videoconferências, 10, 59, 67, 77
Vídeos, 31, 40, 44, 53, 67, 82, 90, 93
Vínculos quebrados, recomposição de, 18
Visão do conhecimento, 13, 14, 19, 20, 74, 128
Visão do conhecimento, criação de, 14
Visões, 14, 41, 43-44, 94
Visões do conhecimento, inspiração de, 14
Vocabulário Ortográfico da Língua Portuguesa, 45

W

Web 2.0, 87, 142, 148
Wikipédia, 14, 64, 108-110
Windows Live Messenger, 64-67, 77
World Wide Web, 60

Y

Yahoo!, 32, 70-72, 80
Yahoo! Groups, 129
Yahoo! Grupos, 70-73
Yahoo! Mail, 32
Yahoo! Messenger, 64, 67
Youtube, 40-44, 90, 108